I0839253

Fragmentos de um tempo perdido
... sem tempo a perder

Ricardo Guarnieri

Amazon

2020

Informações técnicas

Grafia atualizada segundo o Acordo Ortográfico da Língua Portuguesa de 1990, que entrou em vigor no Brasil em 2009.

Título:
Fragmentos de um tempo perdido ... sem tempo a perder
1º Edição publicada pela Amazon, 2020
Itapuí - São Paulo
ISBN: 9798744621957
Selo editorial: Independently published

Capa e contracapa:
Arquivos pessoais do autor

Diagramação:
Larissa Roncon

Revisão Ortográfica:
Helen Regina Alario

Para catalogação:
Crônicas / Não Ficcção

Todos os direitos reservados ao autor Angelo Ricardo de Almeida Guarnie

Dedicatória

Dedico esse livro ao ser mais inspirador da minha última década, meu Bebezitos, Picolino, Cuco Pena, enfim, o Bê, "a riqueza da minha lindeza".

A minha companheira Márcia "Branquela", de toda sua acidez amorosa nas leituras dos textos, sempre me colocando diante dos meus próprios sentidos.

E por fim, a Diamantina, aonde tudo começou "2011"

Agradecimentos

- Benício e Clarinha, pelos desenhos e toda infinita possibilidade de esperanças;

- Helen, pela leitura e correção do estilo e das gramáticas;

- Larissa, pela paciência e embelezamento do livro;

- Grego, amigo e irmão, pelas contribuições em ideias inquietantes;

Prefácio

Marcia Mercês Martins

Muitos livros já foram escritos sobre posicionamentos sociais, conscientes ou inconscientes coletivos ou até cotidianos com suas ordens já pré-estabelecidas. Entretanto, as reflexões apontadas nessa obra mostram sensibilidade e sabedoria de um autor que procura analisar as profundas percepções da vida, que até então, flutuavam apenas no campo das ideias e agora foram cristalizadas nessas páginas.

Cada capítulo, mesmo que, de maneira velada, traz um pouco do conceito psicanalítico, fazendo referências ilustrativas metafóricas extraídas das experiências de pessoas e situações reais, cujos diálogos internos atormentam o escritor.

Aos poucos, os escritos subsequentes desabafados em um Blog, foram tomando forma, se transformando em experiências descritivas do mundo vivido numa tentativa de relatar com naturalidade os fatos, cuja fenomenologia ultrapassa tempo e espaço.

Encaro cada texto como uma alquimia de sentidos e significados que, por vezes, traz a pretenção de nos fazer sentir parte desse todo e, quem sabe até nos tornarmos fortes ao aceitar a nossa vulnerabilidade, para que, ao final, possamos ser mais ousados em relação a admitirmos nossos erros.

Compartilho da opinião do autor e fico também admirada ao constatar as animosidades existentes no conflito humano desde a sua origem, acrescento que concordo que deva haver pontos de discordância, porém, não devemos usar a concordância como muleta nesse círculo vicioso limitando nosso potencial e por isso, arrisco dizer, que esse livro tem a ousadia de pedir indulgência à todos aqueles que não se identificarem com as suas ideias, porém, ressalvo que trata-se também de paixão e de esperança sobre uma aproximação da verdade num mundo de abundância etiquetada e precificada, cuja liberdade é projetada e talhada simultaneamente.

Ricardo Guarnieri divide conosco suas angústias, bem como, o fardo da coragem de ser imperfeito, diminuindo a lacuna de valores entre nós, abrindo a cortina e propondo uma fulgaz ousadia coletiva, repleta de experiências de erros e decepções. Em contrapartida, também vivencia situações de entusiasmos e grandes amores, cuja as hipóteses e causas são legítimas, onde vulnerabilidades não é fraqueza, mas sim, uma escolha de assumir riscos e ser leal a sí mesmo.

Após acompanhar cada texto que foi sendo desenvolvido ao longo dos anos, percebi um traço comum entre o autor e o sociólogo italiano Domenico De Masi, (autor do livro "O Ócio Criarivo") e não é apenas pela coincidência da descendência italiana, mas tem tudo a ver com a verdadeira paixão pelo que se faz, seja dando uma aula, discursando sobre política, dirigindo uma escola, gravando um vídeo, fazendo uma live ou discutindo animadamente com os amigos. A existência da criação de um valor para isso vem recheada de divertimento e crescimento.

Esse livro contempla uma hiperatividade intelectual de modo simplificada, dada por uma sede de conhecimento e, consequentemente, a produção contínua, seja ela realizada por um simples comentário facebookiano ou transcrita aqui.

A verdade é que o autor não se cansa de contestar o mundo em sua totalidade e expor a sua opinião diante dos fatos do cotidiano.

Para ele o ato de se manifestar é uma inovação existencial que a cada dia movimenta suas atividades, entre a de quebrar paradigmas explorando a inteligência social.

SUMÁRIO

A casa caiu... 15

Comer, Rezar, Amar...e Trepar 19

24 horas são insuficientes para nossa despedida 27

O mundo pergunta, mas nós não...Evitamos 35

Não importa o tamanho, afinal cada um tem o seu mesmo... 41

O rei morreu na reinvenção do bobalhão, que se lambuzou com a cara no chão... 45

Na cama com Rubem Alves 51

Se brilha é porque não é de ouro, mas se ofusca é um fusca............... 57

Na imensidão do céu azul tem um encontro... 65

Será que a Amanda Gurgel gosta de frango a passarinho? 71

Vende-se um doutor por uma moradora de rua e um professor que vem no troco 79

O tempo passa e a poupança continua nos ferrando, mas que saída...pagar juros de 150% ao ano??? É a saída 89

Vamos comer enquanto as moscas do outro lado se fartam com as nossas pequenezes existenciais... 95

Achados e Perdidos 99

Sombra e Água Fresca 103

De Pessoa a Jobs 109

Um mundo de multiplicidades; uma vida de escolhas.......... 113

É só no tempo que nos falta tempo... 119

Pé cansado de caminhos excaminhantes............................ 121

Só acaba o que se inicia sem nunca acabar pelo fim... 123

Caminhar é inevitável; escolher é perceber.................................. 127

Doutor, eu não me engano, trocou o meu cabeção, e no lugar colocaram outro repolho... 133

Respeitável público... Educação não é mercadoria, é 137

Mais do mesmo... de novo.. 143

Agora eu sei que de nada sei... 147

Semeie futuro e colherá presente.. 151

O malabarista e o garçom 155

Eu te perdoo por me odiar.. 161

Professores, muitas felicidades.. 165

Realidade? Ser otimista ou pessimista? Eis... 169

É tempo de renasceração, é? Natal!!!... 175

O campeão dos campeões... 179

Um ano em dois atos.. 183

Tempo é vida... a banda passa... 187

Quantos Vadicos terão que morrer?... 193

0,20 centavos de esperanças e ilusões... 197

Quando tudo parece poder é porque não temos mais poder 209

Teatro de cachorro grande pode servir de abrigo aos pequeninos...... 213

Por mais que eu queira é bom continuar querendo............................ 221

Nós não somos racistas, são os outros que são................................ 225

Lições acerca de uma farsa chamada *impeachment*, ou Golpe mesmo...
.... 229

Redes de Solidariedade Intelectual.. 237

SOBRE O AUTOR:... 239_Toc55203408

A casa caiu...

Diz a letra de uma música popular "Se a casa cair, Deixa que caia." Estamos iniciando um novo ano, o que não importa muito, afinal são todos muito parecidos (é só assistir aos noticiários dos anos anteriores), ao menos em relação às desgraças recorrentes, às chuvas de janeiro e fevereiro.

Vamos, então, às notícias, totalmente frescas: desmoronaram seis casas no morro da Tijuca; duas casinhas foram alagadas no Morumbi e deixaram 2 pessoas desabrigadas; Ronaldinho ainda não sabe se prefere R$ 1,8 milhão num clube qualquer ou R$ 1,2 milhão num clube do coração, enquanto isso os torcedores fazem suas vaquinhas acotovelantes.

Alguém poderia se perguntar: mas, afinal, o que tem a ver os desmoronamentos e alagamentos no Rio e em São Paulo com o possível retorno de Ronaldinho para o Brasil?

Nada e tudo, mas sinceramente prefiro assistir ao jornal Hoje e ver as notícias mais importantes nesta sexta-feira (o que também não importa, afinal são todas...).

Quero deixar minha opinião sobre esses "episódios":

Notícia 1: Professor é agredido por aluno com um soco no olho depois de ter sido reprovado em 4 disciplinas (ele era reincidente);

Notícia 2: A moda deste verão será o cinto sobre as camisetinhas, alternando as cores, você estará na moda (desculpem-me se não dei conta de todos os detalhes da reportagem).

Detalhe importante: as duas notícias foram sequenciais.

Ah, mas com um pequeno bisbilhotar, a primeira durou menos que a segunda, enquanto isso nossa querida Sandrinha passa de uma reportagem para outra como sempre, ou seja, intacta, elegantérrima (melhor não opinar).

De novo: O que isso tudo tem a ver com a primeira parte de notícias? E mais: do que realmente estou querendo tratar com tantos assuntos de uma única vez? Será que os sujeitos-telespectadores têm condições de analisar todas essas situações e formar suas opiniões?

Opinião? Do quê? Para quê? Por quê? Como assim? Isso realmente é necessário?

De repente sim ou não. Talvez para formar algum conhecimento. Já não sei o que sei, mas o que me importa mesmo é o seguinte: como corintiano vou torcer pro Ronaldinho vir para o Corinthians, pelo menos teremos os três Rs no Timão, o terceiro eu deixo pros desabrigados e alagados.

A revolta de ver meu companheiro de olho roxo é muito grande, por isso vou pegar uma camiseta qualquer e comprar um cinto lindo para espairecer minha cabeça...

P. S. Em tempo: "Se a casa cair", tomara que você não esteja debaixo dela, senão você não terá como dizer "deixe que caia".

Comer, Rezar, Amar...e Trepar

Lembro-me como se fosse hoje das minhas trepadas, ah! como era bom trepar. Preferia as coloridas, mas na falta delas trepava nas menos suculentas mesmo. E contar essas trepadas é sempre muito bom, afinal, não sei por que cargas d'água falar do passado é sempre muito mais superlativo.

Quando começo a me lembrar, ou melhor, contar as minhas trepadas memoráveis, percebo o quanto elas foram melhores quando contadas o que realmente foram de fato (Isso existe? De fato, não sei) ... É uma coisa louca. A capacidade que temos de reformar o passado é a solução para a desmedida de um presente que se pretende de um futuro esperançoso de dias mais coloridos.

Penso que faço isso hoje porque já não trepo mais com tanta frequência, pra falar a verdade trepo muito pouco perto daquilo que já trepei, se fosse comparar, acho que já me esqueci de como é que se trepa.

Bom, quando tenho oportunidade ainda trepo, me sinto muito bem, outro dia mesmo trepei no estacionamento da câmara legislativa de Alagoas, foi muito bom.

E as trepadas memoráveis? Lembro de uma vez que fiquei tanto tempo trepado e comendo que depois me entupi todo, daí o problema, dias e dias pra se recuperar daquela trepada. Teve também uma outra que trepei e voyerizei por horas, afinal tinha um sujeito que não queria ver, então fiquei esperando ele ir embora, enquanto isso, eu lá trepado.

Tinha um lugar em que eu adorava trepar, era na casa da minha vó, ela ficava louca, achava que eu poderia me machucar, era uma trepada perigosa, pois o objeto de desejo era muito grande, mas pra isso bastava que eu rezasse um pouco, e ali todos os meus anjos de guarda me protegiam (pelo menos era isso que eu temia) por isso gostava de trepar escondido dela, quando se dava por conta, já estava eu lá trepado.

O que eu mais gostava de fazer nas minhas trepadas era comer até me lambuzar e ficar todo molhado, era o melhor, principalmente quando pegava aquelas carnudas e molhadinhas, aquilo era o néctar dos deuses. Lembro-me como se fosse hoje, primeiro ficava paquerando, pensando em como comê-la, nas estratégias possíveis de abordagem, e daí o bote, nossa! Era maravilhoso, principalmente quando aquilo que o olho via era muito mais do que aquilo que imaginara no momento do gosto experimentado... era uma explosão de sabores, um gozo espirrado e espremido que chegava a vazar pelos cantos da boca e do nariz, ficava com a cara toda lambuzada depois de toda aquela comilança e chupança.

Uma dúvida...

Por que já não trepo tanto mais? Com certeza não foi porque parei de comer, penso até que minhas experiências foram muito mais diversificadas depois que rezei menos, mas comer, isso sim, comi muito mais, mas com muito menos trepadas.

Outro dia assisti a um filme, cujo título é a primeira parte do título deste. Vejam e sintam essas palavras.

1- *"Vivemos infelizes por ter medo de mudanças".*

Será que é por isso que eu não trepo mais tanto assim? Medo do meu desempenho já não ser mais o mesmo?

2- *"Lembra de quando disse que deveríamos morar juntos e sermos infelizes para podermos ser felizes?"*

Às vezes, queremos ficar trepados por mais tempo, para dar aquela última comidinha e rezando pra ninguém aparecer e nos atrapalhar e não nos tocamos que já deu, que o tempo acabou e que é hora de descer pra poder trepar outras vezes, ainda que não seja mais na mesma.

3- *"Um antigo amor que você não quer esquecer...queremos que as coisas continuem as mesmas, vivemos infelizes por ter medo de mudanças de ver nossa vida acabar em ruínas."*

Pois é, a gente se acostuma com aquela suculenta comida e daí modela todas as outras. Primeiro erro, pois não olhamos mais para as franzinas. Ledo engano, pode ali estar o suco mínimo da explosão máxima dum pequeno detalhe que nossos olhares viciados não perceberam. Viciamos o nosso olhar naquilo que nosso estômago mais tarde expurgará com uma bela gastrite, é o chamado "olho maior que a barriga".

4- *"Ruínas são um presente, são o caminho para a transformação"*

É incrível, fazemos de tudo para conquistarmos a ordem, a lei, a honestidade, a estabilidade, o progresso, mas é a subversão, a provocação, a paixão, o acaso que transforma a vida. Se assim não fosse, não treparíamos nos romances, não comeríamos nas poesias e não rezaríamos nas nossas músicas.

É da ruína que vem a nossa inspiração criativista, é o caos que nos leva a pensar no impensável, porque a mornidade não passa de um chá das cinco, no máximo com algumas bolachas secas. (a explosão invasiva na boca, essa jamais) ...

Um sujeitinho desdentado chamado Ketut diz o seguinte em sua última fala, *"às vezes, perder o equilíbrio por amor faz parte de viver a vida em equilíbrio"*. Eu sei que muita gente diz que o segredo da vida está no equilíbrio, inclusive chancelado por gente muito boa. Aristóteles mesmo dizia que a felicidade estava no caminho do meio, na mediania.

Mas quer saber?

Como era bom trepar naquela mangueira enorme e suculenta. naquela jabuticabeira pretinha e doce como um mel, na goiabeira vermelha ou branca, mas melosa e lisinha; enfim, o melhor de tudo era trepar e nem pensar em cair, rezar e acreditar já era o suficiente, bastava. Por fim, o que nós queríamos mesmo era comer e se empanturrar, sem nenhum tipo de equilíbrio, até porque isso nem existia na nossa consciência... Eu, pelo menos, amava tudo isso (Será que ainda sou capaz de amar?) ...

Pelo menos eu trepo, sempre que posso, claro (não muito) ...

24 horas são insuficientes para nossa despedida

Terminou por esses dias mais uma temporada da série 24 horas, mas não vou aqui tecer comentários a favor e muito menos contra, penso que já existe muita gente fazendo isso e sendo muito bem paga pra essa empreitada.

Na verdade, quero só falar algumas coisinhas: puxa vida, o cara é um herói e nunca se dá bem (tudo bem, eu sei que os americanos bons são assim mesmo, fazem o bem pro mundo todo e não querem nada em troca), fora que o cara é foda né? Bom soldado, bom de tecnologia, bom político, bom cidadão, bom amante "afinal todos morrem por ele", sensível e forte, "tudo depende do querer dele". Bom é isso. Na verdade, eu tenho uma curiosidade: tirando as 24 horas em que o filme ocorre, o que Jack Bauer faz nas outras todas 24 horas da sua vida?

Então: vamos ao que interessa. Tem duas coisas que quero tratar aqui. A primeira é a mensagem que fica dessa última temporada, na qual a presidenta, nos últimos momentos, faz um exame de consciência e percebe que os fins não justificam os meios, graças a Bauer (é obvio) e, com isso, humilha o líder russo e, de quebra, faz aquilo que o mundo inteiro pensa, mas nunca faz.

A segunda é uma memória afetiva que me veio à tona: há mais ou menos uns 14 anos, eu disputava uma eleição legislativa na minha cidade natal, Itapuí. Naquela época, era um comunista fervoroso e, numa oportunidade, debatíamos eu e uma tia sobre ideologias e éticas e ela, de repente, disse o seguinte: "todo homem tem o seu preço, basta saber qual o preço dele". Na época, fiquei muito ofendido e disse a ela que tem pessoas que não se vendem jamais.

Infelizmente estava errado duplamente, primeiro por acreditar que existiriam pessoas invendáveis, que engano, é claro que todos se vendem, basta que ofereçam aquilo que "a nossa liberdade queira comprar".

E o segundo engano foi acreditar que as pessoas se vendam por pouco ou muito dinheiro; na verdade, o dinheiro é apenas um meio, pois o que as pessoas almejam é muito mais. E esse muito mais é o diferencial, o problema é encontrar essa linha tênue que separa o dinheiro da fresta invisível que mora em nosso ser (se é que temos um?). Às vezes, nem nós mesmos conseguimos enxergá-la, quando não, até conseguimos vê-la, mas por algum sentimento que não sei bem qual, fugimos, escondemos, segredamos de nós mesmos.

Algumas questões impertinentes:

Por que, nos filmes, as pessoas sempre fazem aquilo que devem, ainda que na realidade não?

Minha consciência me perturba, e de repente alguma coisa me fez questionar: será que toda essa moral dos bons moços dos filminhos de final feliz não são justamente os eugênicos da nossa potência de vida?

E aquela culpa então que esses heróis nos plantam. Puxa vida, somente eles são capazes, enquanto nós, relés mortais, ficamos nos torturando com culpas que não nos pertencem. O pior de tudo não é essa culpa introjetada em nossas mentes, mas o fato de aceitarmos passivamente a culpa e buscarmos uma solução miraculosa.

Tem também o anti-herói, aquele colega que chega e diz: "você é um idiota, isso nada me atinge, eu não acredito em nada dessas ideologias mercadológicas, heroísticas," enfim, argumentos não faltarão, sejam de ordens marxistas, liberais, ou quaisquer outras linhas intelectualizantes.

E mais uma vez nos sentimos o cocô do mosquito, ou seja, somos enganados pelos capitalistas do entretenimento, afinal quem mandou acreditarmos nas fórmulas prontas e, consequentemente, também somos usurpados pelo conhecimento erudito, afinal nem de questionar somos capazes, pois ficamos vendo futebol e novela em vez buscarmos conhecimentos que realmente valham a pena. (Todo mundo tem a solução, a minha é a culpa).

Qual seria o preço da nossa existência? Hoje, por exemplo, os carros dos jogadores corintianos foram alvejados depois do vexame diante do Tolima, e lá vem a imprensa, "isso não é torcedor, é bandido", pois é, a propriedade privada é sagrada, já a emoção causada pela expectativa gerada por um grupo de milionários de calção, camiseta e uma bola na mão não conta.

Já essa emoção contida, você que extravase no seu santo lar, e seus filhos e esposa que aguentem. Eu também não aguento mais esses torcedores se acotovelando sovacos com sovacos e, ao final, comendo o pão que o diabo amassou.

Basta! Estou lançando uma campanha: futebol daqui pra frente só quando o time chegar nas semifinais, antes disso vamos fazer outra coisa da vida, sei lá: levar os filhos pro parque, museu, cinema, a esposa pra jantar, balada, motel, enfim, não nos faltarão oportunidades. Já na tv, jogo somente uma vez por mês (só pra vermos como anda nosso time na tabela e se os jogadores estão em dia fisicamente, mas o horário também tem que mudar, 20 horas).

É por isso que gosto do Jack, seu dia é só uma vez por ano, acho que não aguentaria um Bauer por

48 semanas no ano, haja né? Até as melhores coisas da vida quando demais enjoam...

Já em relação ao meu preço, vamos ver quanto me oferecem...E não adianta tentar, 24 horas serão insuficientes para me convencerem a despedida, quem sabe alguns minutos...

O mundo pergunta, mas nós não...Evitamos

Ouvi uma pergunta inquietante ainda na minha adolescência, na qual Max Scheler se questionava sobre a mudança. A pergunta era mais ou menos assim... *"Quem tem mais medo da mudança do que da desgraça, como fará para evitar a desgraça?".* *E*ssa pergunta vira e mexe volta à cabeça e confesso que já me incomodou mais, porém não sei se fiquei mais maduro e a ansiedade diminuiu ou se realmente a idade tem me feito mais desistente de sonhos e revoluções... Ainda me incomodo, às vezes, com essa pergunta, mas hoje, quando o incômodo se torna quase insuportável, eu durmo...

É justamente esse o ponto: Se já não tenho mais tanta esperança, se o ânimo já não é mais tão empolgante, então por que continuo a ser professor? E principalmente, por que de Filosofia?

Afinal, ser professor e filosofar ainda de quebra nesse mundo tão coisificado realmente é coisa de maluco. Realmente, quando paro pra pensar nisso tudo, não entendo muito bem por que o sistema paga alguém pra pensar ... e, pior, na maioria das vezes, para falar mal do próprio sistema. Mal não, destituí-lo, essa que é a grande verdade, pelo menos são minhas idiossincrasias quanto a tudo isso.

Como diz um amigo meu, "nós deveríamos ser muito bem pagos, afinal somos o malfeitor do sistema, ajudamos a sociedade tal como está" e eu ainda completo... não só mantemos o *status quo*, como convencemos os pobres a se esforçarem para que, um dia, cheguem lá. Na verdade, não sei muito bem aonde eles chegarão, mas enfim, vamos segurando a bomba-relógio do ponteiro social.

Enquanto isso, cantemos Raul Seixas "... e a boca escancarada cheia de dentes, esperando a morte chegar...".

Voltando ao fato de ser professor de Filosofia, se pelo menos fosse professor de Marketing ou mesmo de Engenharia, estaríamos preparando as pessoas pro mercado de trabalho. Mas nós, a quem servimos? "A quem serve o vencedor" (Camões), se assim pelo menos o fosse.

Diante de tamanha desesperança tenho algo a dizer, na verdade verdadeira não tenho a intenção de mudar ninguém, já desisti das pessoas há muito tempo, o que eu quero mesmo é algo muito mais simples, é apenas uma coisinha... QUERO MUDAR O MUNDO! Eu sei que isso, pelo menos, é muito mais simples e sensato.

Penso que essa é a minha maior motivação de continuar filosofando e não adianta me dizer que filosofar é nada, afinal precisamos de alguém com ação, porque filosofar é viver no mundo da lua. Ainda que esses detratores estejam certos, viver no mundo da lua não é pra qualquer um, apenas para as pessoas que realmente conseguem voar com os pés no chão, afinal a lei da gravidade só mesmo na cabeça daquele descabeçado do Newton, que não tinha nada melhor pra fazer do que ficar roubando maçãs. Depois nós que ficamos pagando o pato por Adão ter sido curioso e nos dar de presente o pecado fundamental de vermos a Eva pelada...ainda se pelo menos valesse a pena. (a conferir).

Sei que não será fácil continuar filosofando, mas se isso não der certo por muito mais tempo, vou continuar fazendo aquilo que pelo menos pra mim parece muito simples... mudar o mundo e ver que desgraça é essa, afinal. E, por fim, continuar perguntando as inevitáveis insustentabilidades do meu existir.

Não importa o tamanho, afinal cada um tem o seu mesmo...

É impossível não se sentir diminuído quando você termina de ler um trabalho de tamanha magnitude como o de um Paulo Vergílio, ou mesmo quando você lê um aforismo de Nietzsche, ou mesmo um ensaio de tamanha profundidade em conceitos e riqueza de detalhes de Atanásio Mykonios, ou um romance do Machado de Assis, ou quem sabe um poema de Fernando Pessoa, melhor ainda, um Aristóteles que resiste ao tempo e a espaços de tsunamis japoneses e filipinos. Quem se importa, então, quando nos deparamos com a monstra da Clarice Lispector, o charme minucioso de Chico Buarque e o Xavier da chavadura, a elegância de Hannah Arendt e a provocação de Antônio Abujamra? Bom, nem vou falar do tamanho que acabo me sentido, isso porque não citei ainda o tamanho de Marx, Hegel, Proust, Adélia Prado, meu querido Rubem Alves, o descascador de ostras, a safadeza da Bruna Surfistinha, puxa sei lá, são tantos os homens e mulheres fortes, mas como Dosto? Esse era invencível, mais indestrutível ainda era Pablo, aquele da Isla Negra. E o coração do Vinicius, no qual sempre cabia mais um amor? Chaplin, então, nem se fala! Picasso, só o nome já diz tudo. Darwin era um herói, além do desleixo ... E o Aleijadinho? O Portinari, o Oswald e o Mario, os de Andrades, que revolucionaram nosso sujeito tupiniquim ... tem também o Darcy da ninguendade, o Juruna das rezas, o Lampião e a Maria Bonita, heróis anacrônicos, a doce Maria Bethânia, que resolveu encarecer logo agora, o Montenegro, que fala de amor como se falasse de água, o Zumbi que desacorrentou o espírito do brasileiro de Palmares, enfim...

Hoje, os jornais chamaram os usuários de trens de selvagens e vândalos, e sabe por quê? Porque a passagem subiu só 20% mais ou menos... O que é isso companheiro? Foi menos de 1,00, será que vocês não têm nada melhor do que serem chamados de selvagens e vândalos, afinal o salário mínimo subiu uns 8%... Deixem de ser ingratos, nós oferecemos tanta coisa boa pra vocês, vejam só...

Agora eu tenho certeza do meu tamanho, não vou mais ler nada que me diminua, eu quero é ver o BBB, ler revista de celebridade, livro de autoajuda e com toda certeza dizer pra todo mundo que o Paulo Freire é tão *démodé*...

O rei morreu na reinvenção do bobalhão, que se lambuzou com a cara no chão...

Tem uma pergunta que me inquieta sempre que entro na sala de aula: o que eu estou fazendo aqui? E. logo em seguida. outras questões emendam em novas teias: o que eu quero dos mcus alunos? O que querem eles? E a escola, o que essa pretende?

São questões difíceis, exigem resposta não tranquilizadoras, ao menos para aqueles que pensam na escola como um espaço de fazimento de vida e ressignificação do inacabamento total do humano. Já para os positivistas é tudo muito simples, afinal, gestão de qualidade e metas são o suficiente para medir a qualidade dos pseudovejeiros dispensáveis.

Num outro dia, lembrei-me de um comentário muito comum lá no interior para se referir às pessoas inteligentes., ou seja, quando alguém era muito dado aos estudos, ou então se dava bem, era chamado carinhosamente de "crânio", e mais, "olha só aquele sujeito, ele é um crânio".

Puxa vida! Deveras algum sujeito humano ter condições de abrir mão do seu crânio?

Eu sei disso, como também sei o quanto essa cultura de superioridade nos faz atrasar tanto nossos espíritos maus, tormentas que demoram a sair dos cantos da nossa cabeça, e mesmo quando dedetizadas, ainda assim deixam restos por toda fresta invisível dos sentimentos que mais nos calam numa continua perturbação silenciosa, que vez ou outra nos rondam como fantasmas de metas aburguesadas, daí, só bebendo muito etanol no caldeirão do caos dionisíaco.

Também sei de todo sofrimento que a inteligência tem nos deixado nesses anos todos de humanos a humanos, ou alguém realmente acredita na historinha que nos contaram sobre a nossa liberdade de fazermos o que quisermos?

Se não fosse a eficiência, o talento, a sagacidade, o conhecimento, enfim... a competência, como poderíamos ter detonado Hiroshima e Nagasaki? Como poderíamos patentear todas as curas e qualidades de vida sob a égide da navalha do cartão de crédito? Como poderíamos decidir quem come o quê e quem fica aquém? Como poderíamos ocupar um quarto de 200 m2 para que os demais fiquem em cima de um lixão surfista, ora dropando, ora vacando? Como poderíamos acreditar que um menino de 500 mil/mês está apenas brincando de jogar futebol, enquanto a massa apenas se amassa na busca da sua brincadeira do santo pão de cada dia? Como poderíamos ter no Zé toda sua santidade, enquanto os milhões de anônimos morrem de raquitismo por simplesmente fazer parte da sua rotina natural e subserviente? Como poderíamos engolir tanta bomba *engordulight* que nos vendem diariamente e ao mesmo tampo aceitar conselhos de exercícios de subir escadas com sacolas cheias delas? Como poderíamos assistir a BBBs e ao mesmo tempo pensarmos que estamos apenas nos entretendo?

São tantas as questões que já nem me lembro mais o que faço na escola. Contudo, de uma coisa eu sei, nós cidadãos remendados das classes C e B (ATENÇÃO: A classe A não vive na Terra, e a D e a E nem passaram por ela), voltando... nós, ah! nós, quem se importa com um cidadão consumidor tão ardente pelos restos alienígenas? Ninguém, nem mesmo nós, e mesmo que nos importássemos, no primeiro suspiro, exércitos inteiros de Boners/Fatimados e afins estariam prontos pra nos cerrar com toda sua linha cortante de vandalismos e discursinhos factoloidianos.

Por isso, já perdi a minha esperança há muito tempo quanto à inteligência, isso é besteira. Ser inteligente é coisa de quem não quer pensar em nada, a não ser receber seu justo pagamento pela venda dos seus neurônios nos juros futuros de qualquer especulador inescrupuloso de *Wall Street* de Bovespas tupinikins...

O que eu estou fazendo aqui? Isso é demais né? É óbvio, estou recebendo meu contracheque de esperanças podres na espera de alguma batata saudável que me ofereça caridade de dia de natal, ano novo, enfim, quem sabe algum aluno não se contamine da esperança vadia...

Ainda bem que eles querem muito mais do aquilo que eu posso dar, desse modo ofereço a todos uma linda flor de Anarquilópolis... sem Raul, é claro, pois no dia em que a Terra já estava parada e eu ali, com a boca sem nenhum dente, esperando o cotejo sofrer, e quem sabe assim, com as cercas sem bandeiras, um homem nu à espera de um pouco de pão seco matou toda sua sede com as vestes do rei que morria por falta de súditos...

E a escola, enfim, pretendeu pretendendo toda pretensão que pretenderas algum dia de pretender pretendendo...

Escolas do mundo, pretendei-vos!

Na cama com Rubem Alves

Essa noite foi muito especial pra mim, tive um encontro que há tempos eu buscava, até que enfim acabou acontecendo.

Estava eu num supermercado comprando algumas coisas, coisas que nem sempre os supermercados vendem, mas de repente, quem me aparece? O Rubem Alves, pois é, ele mesmo, em alma e existência.

Bom, ainda não sei por que a surpresa, afinal, será que ele não vai a supermercados? Acho que não, pelo menos não em supermercados esfumaçados, mas, enfim, conversamos sobre muitas coisas, amenidades de maneira geral.

Ele estava acompanhado, me parece que era seu filho, isso não me ficou muito claro, eu também estava, mas como não tenho muita certeza prefiro não comentar, mesmo porque, o importante aqui não são as nossas companhias, mas o teor da nossa conversa, ou melhor, como ele mesmo disse, a nossa prosa.

Essa foi boa pra chuchu, proseamos de tudo um pouco, assuntos mais sérios, outros menos, amenidades próprias da vida.

Comecei perguntando pra ele sobre a academia, e como já é de seu costume uma resposta muito educada e ácida: vamos poupar nossos estômagos. Ele deve saber do que fala, afinal conviveu por muito tempo dentro de uma delas, que por sinal é muito bem quista em nosso meio.

Daí falamos sobre a política. Essa foi muito boa. Quando ele me perguntou: - Você é uma pessoa séria? E eu respondi: - Tô tentando deixar de ser...

Ele emendou: - Então você está quase pronto para exercê-la.

Teve um momento interessante, além de todos é claro, não estava muito claro assim, como se todo claro fosse verdadeiro, mas enfim, quando falamos sobre a educação, perguntei:

- Temos alguma saída dessa escola-mercadoria? Ele riu sinceramente e respondeu:

- Claro, meu amigo, (fiquei feliz por me chamar de amigo imaginário) essa escola mora dentro do seu coração.

Bom, mas teve um momento alto nesse todo, apesar de desde o início eu estar voando nos meus sonhos, quando num dos corredores nos deparamos com a prateleira de coisas da roça e lá estava um pedacinho dela com um monte de sapatões.

Sentamo-nos ali mesmo e começamos a escolher alguns e contar estórias sobre nossos sapatões. Ele me confessou que adorava sair de sapatão, ia desde o culto até a universidade, isso quando não encasquetava de ir a casamentos de sapatão. Contou que certa vez tinha corrido o dia todo atrás de um boi brabo, atolado até a lama... o problema era o compromisso da tardinha que esquecera, tinha uma festa chique e só tinha aquele sapatão. Rimos muito, principalmente por pensar o que será que aqueles grã-finos da festa pensavam quando o cheiro de bosta da vaca subia (oh cheirinho bom! ainda mais quando chove).

Ei? Uma hora tínhamos de nos despedir, já lá por perto do caixa perguntei pra ele:

- E o ser humano? O que o senhor tem pra me dizer?

Serenamente, com um ar muito tranquilo, ele respondeu.

- Estou preocupado. – Juro que estava muito sereno.

Então nos despedimos num abraço muito carinhoso e dissemos "até um dia."

Agora me ficaram aqui algumas perguntas:

Por que plantamos flores?

Por que lemos e escrevemos poesias?

Por que não ficamos ao lado dos nossos amigos o quanto dos nossos chefes?

Por que fazemos mais o que odiamos que aquilo que amamos?

Por que tantos porquês?

Não sei, mas que foi bom acordar contigo no meu coração, ah isso foi, bão demais...

Se brilha é porque não é de ouro,
mas se ofusca é um fusca...

Você tem algum preconceito?

Claro. Bom, claro que sim ou claro que não?

Não sei, mas desconfio que responder a essa pergunta implica num primeiro preconceito, afinal ter que justificar alguma coisa denota toda a minha incapacidade de ter clareza de algum ponto não muito bem resolvido da minha parte.

Mas não vamos dissertar aqui nenhum tratado filosófico acerca das relações impostas e inculcadas de uma sociedade na qual sucumbem todas as consciências prematuras numa envergadura, de tal modo que, quando nos deparamos conosco, já estamos apontando para as minorias como sujeitos diferentes. Por isso mesmo deveríamos defendê-los, seja pelas políticas públicas de um Estado desfaceladamente corrupto e indutor de boa parte da nossa alienação quando opta por uma sociedade de classes, seja por nossa fragilidade de olharmos sempre pela cor dos nossos preconceitos mais embotados que pouco, ou mesmo quase nada, somos capazes de sozinhos intuirmos a uma nova consciência, na qual a cor, a etnia, a orientação sexual e afins não passem de um colorido bonito e, principalmente, de uma suruba que a vida nos reserva a cada expansão por nós sentida e, sobretudo, vivida sem os medos impostos pela racionalidade da negação da fruição dos batimentos cardíacos que pulsam sempre que o nosso corpo treme e a nossa consciência nos nega, conscientemente ou por cimentaços do subconsciente.

Mas voltemos ao chão das nossas consciências. Hoje em dia, ficou muito chato ser preconceituoso, inclusive alguns deles são crimes, por exemplo: chamar uma pessoa de preto pode ser considerado racismo; dizer que as loiras são burras em função da cor dos seus cabelos pode acabar numa boa indenização por parte da inteligências dessas moças "ofendidas"; os *gays* também estão salvaguardados, nada de veados ou mesmo bichinhas, isso dá calunia e difamação.

Pois é, esses e outros exemplos somente ganham tamanha notoriedade graças ao mundo heterossexualizado no qual nos transformamos. E as consequências foram muitas, e pelo que parece nem sempre muito sadias para os fortões de calça jeans apertada e blusão de couro, o que dirá para os engravatados.

Para tantas heterossexualizações nos restou a impotência, a frigidez, a monogamia, a neurose e todas as manioses, mas não poderíamos ficar à deriva. Por isso, para todos os nossos pequenos gigantescos probleminhas ... a grande indústria da ciência. O cardápio é vasto, tarjas pretas, ilícitos e muito mais daquilo que sejamos capazes de inventar para fuga das galinhas, afinal, galinha deve botar ovo para uma boa canja, à espera de um milagre.

Somos hoje aquilo que chamamos de politicamente corretos, pelo menos quando estamos em público e, principalmente, quando esse público se refere à grande massa. Nesse momento, somos sempre muito sensatos, não agredimos, não xingamos, nos comportamos e quando algum imbecil como o deputado Bor... resolve dizer o que pensa, caímos de pau em cima dele, só não literalmente, pois nos faltam oportunidades.

Não sei o porquê, mas penso que damos muito crédito àquilo que, na verdade, nem deveria ter, sequer ser ouvido. Mas o *show* não pode parar, afinal depois de uma estupidez tamanha na qual poderíamos desmoralizar a questão e elitizá-la, o que fazemos?

Nada. Somos impelidos a beber algum refrigereco ou cerveja oferecida pelos patrocinadores.

... pausa para ph...

Ao que tudo indica somos menos preconceituosos em nossos discursos (tá certo que os carecas do ABC não pensam assim, mas - em tempo - nem todo careca do ABC é desprovido de massa cefálica, vulgo cinzenta, ou melhor, rosada). Esse indicativo é o da aparência, vejamos alguns casos:

1- A Taís Araújo é uma negra, mas é muito bonita, tem traços finos, nada daquele narigão, bocão;

2- O fulano de tal, apesar de ser homossexual, é muito inteligente e gentil, sem dizer que também é muito discreto;

3- Os índios, hoje em dia, já sabem ler e escrever, estão se civilizando;

4- As mulheres já são capazes de fazer tudo o que os homens fazem, com a vantagem da sutileza;

5- Ele é nordestino, saiu lá de baixo, trabalhou nos piores empregos, comeu o pão que o diabo amassou, mas nunca se deixou corromper, por isso é um orgulho pro seu povo, é brasileiro, não desiste nunca;

6- Nós somos velhos no corpo, mas a cabeça continua jovem (Ih, será que é essa juventude atual?);

Ao ouvir essas e outras, vejo o quanto estamos no caminho do desenvolvimento pleno da nossa sociedade, que a cada dia alisa mais seus cabelos encaracolados (já nem sem mais qual era). Aceitamos os homossexuais como par romântico de novela, sem beijos escandalosos, claro (tudo pela discrição). O etanol é inflamável (fazer o quê? esses jovens aprendem Química só pro vestibular, depois são anistiados pela burrice educacional desse p...). Enquadramos as mulheres em devoradoras mocinhas, porque afinal vilãs são maus exemplos para as nossas verdadeiras guerreiras (mocinhas podem bater, já às más somente lhes restam apanhar e aceitar o único e cruel destino). São Paulo vive o apagão da mão de obra caminhadura (achou que nordestino nascia em árvores e que no Nordeste era tudo secura) ... por fim, os velhos com os defeitos de sempre (pintos e peitos durinhos, sabe-se lá por que) ...

É, realmente estamos em vias da eliminação total dos nossos velhos preconceitos que tanto nos fizeram rir com piadas lógicas e maldosas. Agora estamos caminhando para a veleidade mais sutil e acachapante das minorias que estão sucumbindo aos valores burgueses.

Algum problema? Nenhum, afinal quem sou eu para por água no molho dos outros? Pelo menos agora, também participam e ganham seus trocados com toda essa política da inclusão social. "viva o bom mocismo".

Na Guerra Fria existia uma realidade cindida pelo menos em duas, e tínhamos ainda a oportunidade de escolhermos o lado. Agora com tantas tramas e ramos, ficou difícil de saber onde apita a banda, mas para isso uma única máxima:

Humanos do mundo, gozei-vos de vossas caras de caras gozadas...

Na imensidão do céu azul tem um encontro...

- Quem é você?

- "A vida é tão rara..." (Lenine)

- O quê?

- Pois não, o senhor está falando comigo?

- Claro, afinal quem é você?

- Quem sou eu?... Bom... essa não é uma resposta muito fácil...

- ...Senhor, quem é você?

- É o que estou tentando te dizer, essa não é uma resposta tão fácil, talvez fosse simples, mas...

- ...Meu senhor, a minha pergunta é extremamente objetiva, quero saber apenas quem é o senhor?

- Ah, quem sou eu, senhor, ficou mais fácil, pensei que o senhor quisesse saber quem era eu?

- Mas é isso, quem é você?

- Tá vendo só, o senhor quer saber quem sou eu ou quem sou eu senhor? Porque...

- ... Já entendi. O senhor está tentando tirar um barato da minha cara...

- Com certeza não, senhor. Bom, certeza mesmo eu não tenho não, mas que não estou tirando sarro...

- Chega de filosofismos e me diga de uma vez por todas quem é o senhor?

- Mas o que queres de mim?

- Como assim, você veio até aqui, então me diga o que você quer?

- Mas eu não vim aqui pra você me perguntar quem sou eu, na verdade eu quero apenas um documento.

- Muito bem, preciso de um documento pra confirmar sua identidade.

- Minha identidade, como assim? Não preciso de nenhum documento pra provar que eu sou eu, eu sei que eu sou eu, tá certo que o Descartes me deixou confuso certa vez, mas eu sei que estou pensando e por...

- Meu caro, é simples, o senhor precisa de um documento que comprove que você é você mesmo.

- Deixe-me ver se eu entendi. O senhor me perguntou quem eu era e eu tentei te explicar da complexidade que esta questão envolvia, daí o senhor me disse apenas pra que eu provasse quem eu sou, pois bem, aqui estou eu.

- Não senhor, o senhor precisa de um documento provando quem é o senhor.

- Como assim? Eu sou eu e pronto, quer prova mais cabal do que eu mesmo em carne e osso.

- A sua presença não prova nada, o que eu preciso é de um documento que prove que o que o senhor vai nos dizer é verdade.

- Deixe me ver se entendi, a minha presença física não prova nada, o que você precisa é de uma prova abstrata, ou seja, um pedaço de papel com nadas?

- É! Isso mesmo.

- Puxa, eu pensei que eu fosse eu, mas eu, na verdade, não sou nada, eu preciso de algo que não existe pra provar que eu existo...Um pedaço de papel é que me dará todo o sentido da existência, o que eu estou dizendo não significa absolutamente nada?

- É isso. Então, o documento, por favor?

- Aqui está.

- Esse documento não vale.

- Como assim não vale? Foi o próprio Estado que emitiu.

- Está vencido.

- E documento tem data de validade, eu ainda nem morri...

- Não senhor, são as normas, não aceitamos nenhum documento com mais de 10 anos de existência.

- Mas como, o senhor não está vendo todas as informações? Tudo bate, me pergunta que eu respondo.

- A foto tem que ser atualizada.

- O senhor é que deve estar tirando sarro da minha cara agora. Como eu vou ter uma foto atualizada, só se eu ficar tirando documento diariamente, ou quem sabe andar com uma máquina portátil pendurada na minha cabeça?

- Não senhor, mas a foto está desatualizada.

- É claro, eu tinha 14 anos e me parece que nesse meio tempo alguma coisa mudou. O senhor, por exemplo, sempre esteve com essa cara que aqui está?

- Como assim?

- Metamorfose, sabe?

- Não me importa, documentos atualizados ou nada feito.

- Bom, então na verdade eu não posso provar que existo te falando que eu sou eu porque na verdade eu não existo, melhor, o meu corpo não prova nada? Também não adianta eu discursar sobre a minha existência porque nada do que eu falar o senhor ouvirá e, por fim, o meu documento não vale nada porque de quando é esta foto, eu já não sou mais eu?

- É o sistema.

- Sistema? Que sistema vocês utilizam? É para humanos livres de um mundo livre?

- Como assim?

- Na verdade precisaremos refletir sobre o seu papel no mundo, bom, papel não, porque pode estar muito desatualizado. É melhor voltarmos a pré-história...

"A vida é tão rara..." Quem tem tempo a perder? É na ponta azul que moram os segredos de uma vida em detalhes de felicidades e sentidos guardados a desvendar...

Será que a Amanda Gurgel gosta de frango a passarinho?

O conhecimento realmente não tem lugar pra acontecer, normalmente se dá na sala de aula, ao menos deveria, o que nem sempre se confirma, mas a questão é que este tal de conhecimento não tem nem hora tampouco lugar pra acontecer. E isso é muito bom que assim seja, como diz Guimarães Rosa, "mestre não é quem ensina, mas quem, de repente, aprende" ... pois é, senhores dos rankings educacionais.

Mas voltando e continuando e entrelaçando. Outro dia tive um almoço, se não muito gostoso, ao menos divertido, por isso resolvi transcrevê-lo. Tentarei ser o mais fiel que puder.

Era um restaurante por quilo. Estava eu na fila e logo ouvi uma conversa entre duas adolescentes que me chamaram a atenção pelo seu conteúdo. Estavam tomando a lição uma da outra enquanto faziam seus pratos (Como saborear a cor, textura, cheiro, sentidos, enfim, gozar pelo sabor, se temos um vestibular que nos espera?).

O diálogo era o seguinte:

Menina 1:

- A exportação ajuda no crescimento do país, em contrapartida aumenta o superávit primário, enquanto a importação demasiada pode desequilibrar a balança comercial e gerar desempregos internamente.

Menina 2:

- Mas não é a importação que facilita o acesso das pessoas a produtos que não produzimos no país?

Menina 1:

- Pode ser, mas não é isso que interessa, pois o professor disse para nos concentrarmos nas exportações e seus efeitos para o Brasil. É isso que vai cair logo mais na prova.

Nesse momento, não me aguentei e me intrometi na conversa:

- Vocês, provavelmente, farão uma prova logo mais, não é mesmo?

Assustadas pelo estranho que apareceu cruzando a conversa, elas responderam em coro:

- Sim, vamos! Temos uma prova de História hoje à tarde.

Então prossegui e perguntei.

- Posso fazer uma pergunta? (e antes que negassem ou não já fui logo perguntando).

Uma delas estava pegando frango a passarinho e aproveitei a deixa:

- Qual a relação desse frango frito que vocês vão comer com o tema da prova?

Sem titubear, elas responderam novamente em coro:

- Nada né. - Com uma carinha do tipo, esse cara tá louco, pelo menos foi o que senti com aquele nada tão enfático, e olha que pelo uniforme que elas estavam usando, aquela é considerada a melhor escola de Mogi, o que dirá de nós, pobres servidores do pastelão apresentado pela Amanda Gurgel.

Eu entendo. Exportação, importação, balança comercial, superávit primário, frango frito, exploração, injustiça social, trabalho, lucro, câncer, enfim, são assuntos totalmente desconexos, afinal isso de nada interessa para a indústria do vestibular.

Eu não me contive com o nada cabal, olhei pra elas e respondi:

- Puxa vida! Que pena né? Vocês são tão jovens, com tanta energia e a escola rouba seus melhores tempos com tanta inutilidade e sofrimento.

Sem que elas pudessem me responder e a fila do quilo não parasse, segui rumo a minha mesa, e por incrível que pareça, naquele salão tão grande, elas se sentaram numa mesa ao lado da minha, mas dali já não saiu mais nenhum diálogo, no máximo pensamentos soltos.

...

E logo em seguida esse discurso da nossa belíssima inteligência Amanda Gurgel, mais uma professora entre milhares que temos visto por aí, contudo, trouxe em seus menos de 10 minutos de fala um discurso revelador.

Na verdade, tudo que ela falou não é nenhuma novidade pra nós, professores que estamos na sala de aula, mas a doçura e a firmeza de suas palavras balançaram o estandarte social. Ela falou de uma maneira que há muito tempo não sentíamos: entusiasmo e esperança. Uma fala simples e forte, comum e libertadora, me faltam palavras pra melhor exprimir toda a sua graça e resistência.

Confesso que uma alegria boa me invadiu e me fez renovar as esperanças de que os professores ainda estão vivos, escondidos é bem verdade, mas que, de repente, não mais que de repente, algumas Fênix ressurgem e trazem novos ares para nossos ventos tão mal cheirosos e inertes nesse lamaçal que a educação se apossou.

Gostei de todo o seu discurso, mas uma coisa me marcou muito, quando ela disse alguma coisa como: "...eles (os professores) não associam mais os nomes aos rostos dos alunos..." É verdade, eu vivo isso ano após ano, e meus colegas todos vivem a mesma coisa.

E o que isso tem de mal? Nada, afinal o que importa, segundo os pseudointelectuais, jornalistas e economistas da nossa mídia, é a qualidade total e os índices de aprendizagens.

Pois é, querida Amanda, infelizmente não será desta vez que seremos ouvidos, e não falo isso como sinal de desesperança, muito menos por pessimismo, ao contrário, como você mesma disse numa outra parte do seu discurso, "responda se os senhores conseguiriam viver com esse salário, claro se os senhores não forem ficar constrangidos". Querida Amanda, eles não sabem e tampouco sentem o que é constrangimento, não pegam ônibus, não fazem jornada dupla, quanto menos tripla e não precisam comer merenda e, por fim, não precisam dos nossos votos pra se elegerem.

Na verdade, não dependem do voto de ninguém, no máximo que sejamos bonzinhos e os chancelemos na urna de quatro em quatro anos com o aval dos patrocinadores. Desculpem-me, senhores eleitores, pela falta de autonomia, pois o carro forte me impede que eu chegue próximo de urnas eletrônicas, posso confundi-las com caixas bancários e querer cair na tentação de levá-las pra casa, abri-las e nada encontrar por se tratar de uma caixa com peso demasiado e conteúdo nulo.

Mas eu não desisto nunca, sou brasileiro acima de tudo e impelido pela paixão, até mesmo dentro do caixão, na falta de algo mais confortável...e que assim seja...

Vende-se um doutor por uma moradora de rua e um professor que vem no troco

Esta é somente mais uma história entre tantas que o homem racional e civilizado tem contado, convencido da sua atuação emancipadora diante dos pobres e oprimidos em busca de uma ascensão quase mística, realidade que apenas os merecedores e empenhados serão capazes de realizar. Grande façanha. Sociedade do conhecimento.

Mais uma doutora entre nós:

- Acabei de terminar o meu segundo doutorado, ainda que neste país cada um deles seja trocado por dois especialistas.

- E como é esse programa do qual você participou?

- Um pouco petista... Professor do estado é tratado como um rei...

(Puxa vida, pelo menos...) Pensei...

- Enfim, - disse ela - qual o seu projeto?

- Pois é, preciso fazer uma pesquisa em que o meu tema tenha a ver com a sala de aula, pois pro estado, o conhecimento ainda está engavetado e...

- Concordo plenamente, afinal ele está pagando, por isso deve ter o retorno do investimento na sala de aula.

Preferi não dizer a minha opinião...

- Mas e aí, o que será então?

- Penso que o sistema capitalista é nutrido pela sociedade como um todo e tentarei mostrar que o professor em sua atuação é um desses agentes, principalmente na sua voz do momento, currículo oculto, ou seja, ...

- Professor, deixe disso, o capitalismo agora está fora de moda, isso não existe mais, direita ou esquerda, agora é tudo globalização, veja, até mesmo a Rússia sucumbiu, e a China, você não está vendo? Capitalismo caiu de moda.

- Não sabia que o Capitalismo era uma opção, uma escolha, vou agora mesmo tirar minha roupa e vestir outra mais confortável. Daqui por diante chega de acordar cedo e trabalhar cinco dias por semana. Eu sabia que o problema era comigo, por isso não vou mais sofrer, contas, que nada, isso é psicológico, enfim, exploração nunca mais, luta de classes é coisa de opressor e oprimido e eu não tenho nada a ver com isso, afinal estou fora deste sistema. Sistema nem existe, isso é coisa que colocam na cabeça da gente. Foi só um pensamento sonhador...

- Quem vai financiar um projeto furado desses?

Silêncio...

Tentei mudar o rumo da conversa:

- Sabe, existe um mal-estar entre os professores, penso que isso merece uma atenção. (Insisti, quem sabe uma psicóloga, leitora de Freud "Mal- estar da civilização", enfim...?)

- Mal-estar? Isso não é nada, eu trabalho com orientação pedagógica, não posso me meter, até porque senão eles me fechariam as portas. Mas sabe de uma coisa, eu vejo todos os dias que a maioria dos professores não quer trabalhar, são incompetentes, não ensinam nada, é pura vagabundice e incompetência.

(Ou seja, é apenas uma opção dos professores sofrer? Entendi, não existe sistema capitalista, logo somos os imbecis da vez mesmo e por isso merecemos a punição.)

...

Num outro dia li um texto de um grande filósofo contemporâneo no Blog Crítica Social sobre a farsa da academia, no qual ele diz o seguinte:

> Mas, ao longo do século XX, a ideia de uma universidade autônoma e emancipada, capaz de refletir criticamente os destinos sociais foi, progressivamente, superada pelo pragmatismo da ciência a serviçal do processo capitalista. E não haveria outro caminho, uma vez que a ciência só foi capaz de expandir suas fronteiras por conta da expansão calculada do valor. A mercadoria pagou à ciência-mercadoria a sua qualificação histórica. (Atanásio Mykonios)

O que dizer diante dessa afirmação? Que talvez um segundo doutorado faça mal à saúde intelectual? Será que a globalização deixou de ser uma dimensão do capitalismo para se transformar num sistema fechado em si mesmo? Ou então, o que será que se tem estudado nesses doutorados da vida? O que esses doutorandos têm lido e provado?

Ainda não sei, mas essa mercadorização, absolutização e consequente naturalização do capitalismo tem me assustado, me afastado dos acadêmicos. Não sei por que os poetas fingidores me deixam mais inflamados que essas tesetubes provam com suas conjecturas pragmatistas e vendáveis nos balcões das feiras de exploração e opressão dos iludidos crentes dos viveiros sociais que nos circundam.

...

A última da protuberância intelectual.

Um sujeito que se denomina Professor Germano, repórter dos bairros na cidade de Guarapari (Youtube), fazia uma reportagem sobre uma praça pública e o seu descaso quanto à limpeza por parte dos órgãos públicos.

Ele bradava pelos quatro cantos a inépcia da prefeitura, até que encontrou uma senhora sentada num dos bancos da praça. Logo, o intitulo, apresenta-a como moradora de rua e faz uma pergunta qualquer sobre o tema da sua reportagem, quando para nossa grata surpresa ela responde assim: *"Eu sou polícia militar federal civil portadora do CPF CNPJ estrangeiro de Hong Kong Hiroshima..."* (Que foda é essa?).

Sabe o que o professor jornalista fez? Largou-a falando sozinha num puro sinal de desrespeito a sua entrevistada.

Não sei o motivo, mas acho que ele não entendeu absolutamente nada, não que eu tenha entendido, mas nem um direito à réplica (lembrei na hora da Estamira). E depois ele quer que a prefeitura limpe a praça?

...

Em nome dos doutorandos deste país, da academia farsante e do jornalista puritano, quero deixar apenas um retardo como manifesto da minha inútil opinião.

... o tempo não para, e isso é uma verdade incontestável, mas o século XXI é o campeão das mudanças, tudo resolveu mudar ainda mais velozmente. O barato de agora foi o desejo de ontem, que amanhã será irrelevante, mesmo assim, algumas vozes têm nos falado, nos mais variados cantos e inesperados becos de viola, sobre uma vida que passa rápido demais, sobre não priorizarmos o jaz do efêmero. E nessa roda gigante, que não para por um segundo, tem apenas uma saída para o nosso espírito do tempo, com o qual nos acostumamos e sobre o qual inculcamos todos numa embriaguez burguesa de um projeto latente em cada poro do nosso respirar. Num momento, numa fração de milésimos, talvez, se inspirarmos com todos os nossos sentidos para além dos mil, capturaremos e saltaremos num tempo sem tempo, no qual o maior de todos os gozos não tem duração mais do que o simples gozo sente...

...

Crer para viver...

O tempo passa e a poupança continua nos ferrando, mas que saída...pagar juros de 150% ao ano??? É a saída ...

As cidades estão cada vez mais... egoístas, individualistas, enfim, valorizadas sem o menor valor. Veja o que está acontecendo, vou me apegar apenas à sua fachada.

Há um tempo, comecei a procurar uma casa pra morar e para o meu espanto não existem mais casas "normais", aquelas com terrenos de 10 metros de frente, na verdade as antigas tinham 15 ou 20, e nem precisava ser rico pra isso, mas hoje em dia isso é só pra gente muito rica, mas rica mesmo, porque até nos bairros de classe média são casas com 5 metros de frente.

Antes esse tamanho era apenas pros mais pobres, algo do tipo assim, juntavam-se duas pessoas e compravam um lote de 10x25, depois dividiam o terreno em dois. Desse modo, podiam realizar o sonho da casa própria, ainda que ficassem pagando pelo resto de suas vidas.

Mas como tudo muda, isso também mudou. Agora o chamado meio lote não é mais um privilégio apenas dos menos afortunados, os medianos já fazem parte da turma do meio, tudo graças ao fenômeno do inchamento das cidades, argumento utilizado pelos especuladores imobiliários. (O Brasil é muito pequeno e por isso devemos inchar o pé...).

Claro que quando você compara os meios de um e do outro existe muita diferença, principalmente pelo conforto e pelo tamanho da casa, vertical, obviamente, apesar de o Construcard ter feito milagres.

E nessas minhas buscas, vi o impossível. Não era o meio, mas o um terço, é isso, pasmem (Do quê? Isso existe?), uma casa com 3,3 metros de frente. Parei meu carro na frente da casa para vê-la e, quando sai, percebi que meu carro ocupava toda a frente da casa e mais um pouco a do vizinho, resultado: toda vez que fosse pra casa eu deveria guardar o carro na garagem, ou então eu ou o meu vizinho não poderíamos entrar em casa. Se for uma casa com dois carros então, piorou...

Confusão: quem entra, quem sai? Se for sair primeiro e um estiver na frente o outro deve acordar mais cedo pra tirar o seu. O problema é quando estiver na rua, pois não há lugar pra parar, porque todos podem estar saindo e daí a sua frente já não serve de espera, caso contrário você não sai. Entenderam? Eu não...

Segundo um amigo filósofo, não, na verdade astrólogo, mas graduado em Filosofia, enfim, como ele mesmo me escreveu, ..."*anunciar-se filósofo é moralizar as próprias reflexões...*" concordo com ele, afinal dizer o que acontece ou acontecerá com você no futuro é ter a certeza dos grandes sábios que fundamentaram a nossa senhora Filosofia.

E visceral e contundentemente eu preciso dizer, ou melhor, perguntar:

Dado que as casas estão ficando cada vez maiores e apertadas em suas fachadas, como poderemos receber os nossos amigos em nossas festividades, se não temos frente para eles pararem seus carros?

Daí outro problema: os carros. Eles são outro privilégio que não pertence mais aos medianos. Com tanto crédito na praça, temos mais carros nas ruas do que crianças, até porque, se elas ficarem nas ruas, correm o risco de morrerem atropeladas.

Talvez eu esteja sendo mal-humorado, afinal precisamos diminuir o tamanho das casas pra incentivarmos a corona solidária. Imagine você morando no mesmo prédio do Ronaldo e pegando uma carona solidária com ele, seria o máximo, só não sei se ele acharia o mesmo.

E o que uma cidade com casas de fachadas pequenas e inchadas de carros nas ruas têm a ver com as nossas vidas?

Crianças soltando pipa com cerol e *motoboys* decapitados?

Faixas de pedestres ornamentando ruas e motoristas com pressa de tomar banho?

Alguém pagando sua compra no caixa do supermercado e o outro cidadão conferindo suas compras com as dele, já em posição de ataque?

Pessoas fazendo fila de 24 horas em loja de departamento para pagar metade do preço de um produto que se dizia valer o dobro daquilo que anunciava o seu dono?

Enfim, as perguntas são tantas, mas quero voltar àquela que não quer calar: as casas estão mais apertadas em suas fachadas, como receber os nossos amigos, se não temos frente para seus carros?

...

Ah, era preciso economizar o tempo do amigo leitor...

Vamos comer enquanto as moscas do outro lado se fartam com as nossas pequenezes existenciais...

Desculpe-me, meu amigo, por não o ter consultado, mas as perguntas eram necessárias e, talvez, você nem concorde com as respostas, ou tampouco com as perguntas, mas não poderia fazer de outra maneira.

...

É possível uma vida para além do estômago? Será que poderemos prescindir da reflexão?

A vida crítica deixou de existir há muito tempo, os indivíduos sociais se contentam, cada vez mais, com a possibilidade de não serem tragados definitivamente pelo ocaso das relações materiais... (Atanásio Mykonios, Deserto social).

...

Dividir o pão ao meio é mais injusto do que comê-lo sozinho? Quais são as posições na sociedade que nos enaltecem para um patamar mais solidário?

O mundo vive como se nada de fato existisse para além das necessidades banais, a não ser a própria forma imediata de satisfação, confundidas com uma suposta aura de fundamentação espiritual, conduzida pelo adestramento dos indivíduos às tarefas cotidianas sem a percepção de que algo não cheira bem no reino das relações sociais. (Atanásio Mykonios, Deserto social).

...

Mas o seu final é surpreendente e esperançoso e quem quiser que o abrace, pois abraçados somos muito mais fortes e pulsantes.

Tive pensando naquelas coisas da meninice, quando acreditava piamente que poderia mudar o mundo, quando, na verdade, você acaba descobrindo que não sabia nem o que exatamente você queria mudar. Quando descobre alguma coisa, acaba sendo convencido de que nada será capaz de fazer, a não ser sobreviver e encher a barriga para se manter em pé e de cabeça baixa...

Mas tudo bem, tinha um peão lá, há muito tempo, que me visitara numa idade em que nada ainda sabia. Que bom que assim o foi, pois deixou-me um safado ensinamento, que, de repente, encasquetou na minha cabeça logo agora: *"Meu fio, é mai faci cuidá di 100 boi do que di um cabra safa..."*

Vou pensar na África, na sua fome e na sua ignorância, só pra piorar um pouco mais...

Achados e Perdidos

Fico pensando em escrever, mas escrever o quê? Para quem? Por que escrever? Que diferença isso faz? Nenhuma, a não ser a mim mesmo que não faço diferença nenhuma. Mas, só pra não perder o fio da meada, vamos em frente, dizendo nada num tempo de nada, sem nada de novo, a não ser as mesmas tolices.

...

A Filosofia não é nada, a vida é tudo, claro que com alguma dose de Filosofia.

...

Amanhã é a segundona braba, depois terça, na sequência quarta, logo em seguida quinta ... até que enfim chega a sexta da cervejada, e pra animar o ralo da semana toda, sábado. Para terminar, um domingão recupera tudo que perderemos por mais uma semana.

...

Torcer pra time de futebol é o mesmo que esperar que o nosso amor seja eterno, ainda que a vida tenha nos mostrado o nosso fracasso a cada paixão.

...

Não adianta você ser bom ou mal, bonito ou feio, honesto ou golpista, religioso ou ateu, corajoso ou covarde, isso ou aquilo, pois no fim do começo, a única coisa que nos resta é nos reinventarmos tudo novamente.

...

A vida acontece num único ato, mas o seu roteiro é muito duro para uma única cena, por isso é melhor fragmentá-la em minicenas que nunca entenderemos numa aposta de salvação.

...

Você escolhe: ser galinha e rodear o poleiro, ou ser águia e voar por céus dantes imaginados. Bom, não importa o que escolherá, porque nenhuma delas será a mais nobre, a única coisa que conta nesse caso é a sensação.

...

Se não tem nada que façamos porque no final tudo fica como sempre foi, só nos resta uma saída, mudar a porta de entrada com a saída pelos fundos.

...

No final, todo mundo sempre espera um fim, e de preferência feliz, mas o que isso muda, se na verdade nunca saberemos quando será o fim...

...

Sombra e Água Fresca

O que são clichês?

Muitas coisas provavelmente, mas uma definição que me agrada muito é: maquiagem para melhor enfeitar uma cara que não tem nada melhor para responder naquele momento, ou mesmo pensar.

Não adianta negar, uma hora ou outra, somos acometidos por um deles, e daí vem o clichezão. Afinal, são sabedorias popularizadas que acabamos usando e repetindo na solução de algo quase que insolúvel e que por um tempo funciona, ainda que seja por quase toda a vida, até mesmo nela toda. E não pense que uma pessoa que vive sob clichês é menos que outras, porque ao final, a diferença entre o sujeito original e o clichezado é a demora no entendimento da piada e nada mais, rsrsrs...

Vamos a alguns deles:

"Homem é racional e mulher sentimental."

- Será que é por isso que os homens têm broxado cada vez mais, enquanto as mulheres tomam lugares de destaque na sociedade?

"O amor só dura se tiver confiança."

- Por que devemos confiar numa declaração que é dada, muitas vezes, depois de uma bela trepada, sob fortes efeitos da adrenalina ejaculativa, com posterior letarjamento gozoso? Será que nesses momentos podemos confiar tanto em nossos juízos?

"A educação é um desastre no Brasil."

- Como pode isso, se 99% das crianças estão nas escolas e todos na sociedade dizem que a educação é uma prioridade?

"Esse professor sabe muito, mas não ensina nada."

- Como podemos afirmar que alguém sabe muito, se na verdade aquele que ali está para aprender não sabe nada do que aquele que ali está para ensinar?

"A vida é a coisa mais preciosa que temos."

- Por que, então, ficamos mais horas no trânsito, no trabalho e nos desestudos que entre amigos, amores, ócios, enfim, na vida?

"O seu direito começa, quando termina o do outro."

- E quando começaremos a ter direitos?

"A família é a base de uma sociedade feliz."

- Não entendo uma coisa, até outro dia nos casávamos por interesses de todas as ordens e somente agora o amor tem importância nos relacionamentos, sentimento esse que estava relegado às relações proibidas. E no fim, parece que esse sentimento ficou refém dos grilhões da eternidade... De qual família estamos falando mesmo?

"Sem a religião, o homem se perderia totalmente."

- Levando em conta a multiplicidade de casas religiosas que temos hoje em dia, tenho certeza de que jamais ficaremos perdidos, não é verdade? Será que Deus sabe onde entrar?

"O futuro a Deus pertence."

- Então é só esperar bem quietinho que chegaremos lá?

"Sem felicidade a vida não tem sentido."

- E a vida tem algum sentido? E a felicidade dura por quanto tempo?

"O Brasil é o melhor país para se viver."

- Como será que são os outros então, né? Deve ser muito chato morar num país seguro, livre, menos explorador, enfim, Deus-me-livre dessa falta de criatividade inventiva.

"Depois do nascimento de um filho sua vida muda completamente."

- Isso é verdade, por que você acha que trabalhamos ainda mais? Mas que o bichinho é bom é, bom, mas ainda não fala, não anda, não argumenta, enfim, vamos esperar mais um pouco.

"A honestidade é o melhor que podemos fazer, pois eu prefiro dormir com a consciência tranquila."

- Será que há pessoas que não têm consciência? Se existe, como eu faço para adquirir uma dessas?

"No meu tempo as coisas eram muito melhores."

- Por que, você morreu? Não está mais entre nós? Virou alma penada? Como se consegue isso enquanto vivo? Morrer vivo é possível?

Busco essas e outras respostas, mas tudo bem, me contentaria com algumas outras dúvidas, antes que me digam que sou um mal-humorado e infeliz. Declaro: humor e felicidade não são condições da vida, mas construções de vida.

Hoje está fazendo um dia lindo e ensolarado e em vez de estar numa praia como a de Santiago, prefiro, agora, escrever... vai entender esse ser chamado humano...

De Pessoa a Jobs

A pergunta é uma só, mas as respostas são muitas...

Pergunta: Qual é a melhor maneira de viver a vida?

Talvez a pergunta pudesse ser feita de outra maneira, mas de qualquer forma, essa é uma das perguntas centrais da vida humana. Filósofos, cientistas, poetas, artistas, religiosos, fofoqueiros, enfim, todos espécimes de seres humanos em algum momento se depararam, deparam ou depararão com essa questão.

Por isso, vou começar essa reflexão com dois "ensinamentos" que li recentemente e que muito me motivaram a continuar essa busca pela vida.

Primeiro com Fernando Pessoa, na alma de Álvaro de Campos: *"Toda a gente que eu conheço e que   fala   comigo/ Nunca teve um ato ridículo, nunca sofreu enxovalho, / nunca foi senão príncipe - todos eles príncipes - na vida..."*

Segundo, o *homotech* mais famoso do século XXI, Steve Jobs, que disse o seguinte, num discurso na academia (que diga-se de passagem, rejeitou-o, coisas da academia caduca): *"Lembrar que você vai morrer é a melhor maneira que eu conheço para evitar a armadilha de pensar que você tem algo a perder. Você já está nu. Não há razão para não seguir seu coração."*

No primeiro ensinamento, apesar de certa arrogância do poeta, percebo uma escolha pela altivez, pela força, enfim, pela vida. Uma escolha que não cabe coadjuvante na empreitada da vida, porque nessa, apenas os "bons" sobreviverão.

Já no segundo ensinamento, com mais sutileza e ao mesmo tempo com muita força, a escolha é pela vida, enquanto a morte não passa de um mero detalhe, afinal o que importa é a sua impressão e não aquela que terão de você. E o fato da nossa condição de nudeza é justamente o ponto forte da intuição e das escolhas do coração.

Isso vem apenas corroborar outro ensinamento, do filósofo Pascal que diz: "O coração tem razões que a própria razão desconhece"

Dito isso, termino com as minhas questões?

É obvio que não, afinal estou vivo e enquanto estiver vivo continuarei a perguntar, acho que a Clarice Lispector já disse algo parecido.

Mas o que fazer quando um tipo Aristóteles diz que não há nada que se pense ou que se fale que já não tenha sido pensado ou dito em algum lugar.

Ainda que sim, ainda que não, pouco importa, pois o exercício da vida é diário e mesmo que tenhamos mil lições, cada dia é uma nova luta e para estrelarmos como protagonistas, seja como capa ou jornaleiro, o importante serão as escolhas de agora.

E viva as ideias flutuantes...

Um mundo de multiplicidades; uma vida de escolhas.

- Para que você existe?

Essa foi a pergunta de uma das minhas aulas num dia desses. Escrevi na lousa e comecei a caminhar pela sala. Depois de um tempo de silêncio e inquietações, escolhi a primeira estudante para começarmos nossas reflexões.

Enquanto caminhava pela sala, podia observar no olhar daquelas meninas muita curiosidade, algumas torcendo para serem escolhidas, mesmo fazendo tipo quando escolhidas. Outras pedindo pelo amor de Deus para não serem escolhidas e ainda outras comentando, bem baixinho, que pergunta seria essa, professor e muitas outras coisas que eu nem sei dizer. Na verdade, tudo aqui são suposições, mas, afinal, o que não são suposições quando se trata do mundo humano?

Claro que tinha uma intenção. Sabia das minhas escolhas, mas a provocação deveria ser o aparte, ou então, de nada valeria minha pedagogia dialógica. Essa é inegociável.

Quando tudo parecia transcorrer normalmente, algumas mais sorridentes, outras mais pensativas, e outras também indiferentes, enfim, isso tudo não passa da minha mera interpretação de sujeito caolho e provocativo. Alguém pede a palavra e me diz:

- Professor, quero te dizer que penso que estamos vendo muito pouco conteúdo, afinal já sabemos tão pouco, por isso gostaria que o senhor fosse mais rápido para que pudéssemos ver o maior número de conteúdos possível.

Penso que foi mais ou menos isso que ela disse, mas fica em aberto essa questão, de qualquer maneira eu entendi o que ela queria dizer, ou seja, de um lado uma educação enciclopedista, conteudista, tecnicista, e na outra ponta a educação dialógica, reflexiva, libertária.

Não pude resistir, ainda mais porque me vieram à cabeça dois filósofos, de um lado Kant, que dizia, "não se ensina Filosofia, mas a filosofar." E do outro, Schopenhauer, em seu "Picaretas da cátedra," que recomendou, se quer aprender Filosofia, então que vá aos originais, ou seja, leia os próprios filósofos sem a interferência de ninguém.

Pois bem, disse a ela.

- Não poderei te ajudar, porque aqui não está em jogo um método, mas uma visão de mundo, uma escolha de como ir fazendo o mundo, lamento não poder dar conta das suas expectativas, porque isso é inegociável, mas com certeza você encontrará outros que poderão ajudá-la.

Claro que de tudo isso alguns ruídos não estão tão bem explicados, mas o que importa mesmo disso tudo é dizer que estamos num momento histórico altamente polarizado, e isso está muito evidente a meu ver.

Veja só o que disseram, nos últimos dias, dois pré-candidatos do partido republicano à presidência dos EUA sobre s *anonymous* americanizados: *"Não culpe Wall Street nem os grandes bancos. Se você não é rico nem tem emprego, culpe a si mesmo."* Herman Cain, observe que em sua fala o fatalismo vem disfarçado de mérito, competência, eficiência, enfim, todos os atributos dos supersujeitos que o mundo liberal tanto sobrepujou nesse último século em relação aos seus oponentes.

Contudo, não é o que parece para o seu concorrente, ainda que novamente num golpe eufemista, numa tentativa de guinada aos menos favorecidos americanos (isso sim é um eufemismo a nós do terceiro mundo!!, *"Isso é perigoso, isso é luta de classes."* Mitt Romney. Interessante, talvez com um século de atraso, mas como diz o ditado, antes tarde do que nunca.

Enfim, aqui temos um mundo, e é bom que se diga o vencedor, ou pelo menos na aparência tem sido, digo aparência, porque quando pensamos no mundo, é o máximo que conseguimos ver. Não na carne, porque esse já é outro assunto, daí as suas multiplicidades.

E é por isso que recorro novamente à pergunta inicial: - Para que você existe? Goethe, o poeta alemão sabia muito bem o que Platão já havia nos lembrado: "Eu existo para admirar..." Não existe nada melhor do que existir para admirar, ainda que seja o sombrio, o tenebroso, o caótico, o injusto.

Daí a necessidade de recorrer a Paulo Freire:

> *Os liberais chegam e enunciam a morte da história, sem que os homens e as mulheres tenham morrido. Os liberais dizem que todo mundo se tornou igual. Uma tragicidade do intelectual do terceiro mundo, como nós, é que damos aulas de pós-modernidade e convivemos com 30 milhões de miseráveis, no Brasil, que não chegaram sequer à modernidade, não passaram da tradicionalidade, da consciência mágica que eu chamei de intransitiva. Eu nego a validade desse discurso.*

É imperativa uma escolha, e essa não é simplesmente de um mundo, mas de uma vida, por isso, posso até negociar a minha sobrevivência, mas as minhas ideias jamais, e nelas está inclusa a luta por uma história viva, por um pensamento autônomo, crítico, pelo reconhecimento dos vários mundos, mas sempre sabendo por qual eu luto, qual eu quero, crio, erro, pondero, contradigo, mas jamais abandono.

Se existem muitos lados, mas só posso ficar em um, então escolho o mundo das pessoas que somente serão mais se forem juntas, ao invés dos mais técnicos, fico com o menos e libertário, e nisso não importa quem é o vencedor. É uma questão de escolha, apenas.

É só no tempo que nos falta tempo...

Tempo. ? ! : ; " ,

É implacável quanto ao seu passamento sacramentado, e não adianta chorar, o que foi, foi e nunca mais voltará.

Que coisa é essa sem tempo que não existe? Por que contamos o e com o tempo, se no final não haverá mais tempo?

Oh, o tempo passou! O tempo não passa mais!

O tempo: do passado ao futuro sem tempo para o presente persistente

O tempo cronológico do fenecimento dos corpos; o tempo do saborear de cada gota do gosto gostoso do gozar que a nossa memória insiste em nos castigar de doces lembranças; o tempo das crianças que um dia hão de se esvair numa outra doce recordação; o tempo dado pelas prisões das convenções sociais que hão de nos fazer arrepender;

Não sei por que cargas d`água colocaram, colocamos o tempo entre aspas. "O tempo fugiu" ... "O tempo passa" ... "O tempo não volta mais" ... "O tempo é a obsolescência da consciência" ...

Se ainda me restasse um tempo ... se eu pudesse voltar no tempo ... com tanto tempo para viver ...

...

P. S.: O tempo pode até ser apenas um breve suspiro enquanto vivo, pode até não existir fora da consciência humana, pode até ser rápido ou devagar dependendo do tempo e/ou espaço em que nos encontramos. Isso tudo não importa, nem importará, se não cavarmos o nosso tempo nessa louca vida em que insistimos na miséria de tempos procrastinadores.

Pé cansado de caminhos excaminhantes

Fim de ano começa toda a mesma ladainha de presentinhos e o velho barbudo com cara de bonzinho que estoura todos os IPVAS e IPTUS dos pobres trabalhadores com a ilusão do Carnaval, que se encerra de sexta e na feira da paixão de uma ilusão de quaisquer dias ou anos que o rebento estourou nessa roda morta que já nasce condenada à miséria da esperança das novelas das oito, nove ou mesmo dez, tudo dependerá do tamanho da indústria, empresa essa para a qual o nosso governo do povo acaba de aprovar uma exceção, uma exceção para o evento do planeta dos que nunca serão, mas quem se importa? Afinal, brasileiro que é brasileiro acorda cedo e vai à luta, ainda que o seu falador acorde apenas com o cheiro bom da picanha e de todas as benesses das quais os amigos acabam se privilegiando. Desse modo, lutar é vão, é para melhor fortuna daquele que está ao lado dos apontados pelos deuses de não ter o seu fígado acebolado diariamente, mas pra que reclamar se no final é ho ho holofote que conta no estandarte do cheque especial, ou, mais moderno ainda, para o crédito de futuro. Assim, não se sente o mardito saindo da suadeira de um mês de ralos que, enfim, sonhamos e caímos do burrico numa espreguiçadeira nas areias cinzas, ops, brancas, mas estão cinzas, enfim, da pujança do progresso, de uma gelada rasgando a garganta do infeliz que está condenado a filas de biopsias com atestado de mais fundos a sacar, afinal, quem está condenado tem direitos, entoa então nosso feliz ano que vem e um prosperado Be be be bem longe de tudo que não quer dizer nada...chega? Já! Poderia, mas é sem ser sendo.

Só acaba o que se inicia sem nunca acabar pelo fim...

Fim de ano. Início de uma nova temporada. Tempo de balanço. Novos projetos. Deixar as mágoas para trás. Fazer a nova lista de sonhos. Reaver os sonhos antigos, enfim. Essa é aquela famosa semana em que reafirmamos ou negamos tudo aquilo que vamos adiando pelo ano todo.

Drummond já escreveu sobre essa mágica do tempo fatiado como rejuvenescedor da esperança que o novo tempo pode nos trazer. Mesmo sabendo da sua inutilidade, ainda assim, renovamos, ano após ano. Não existe uma resposta racional para isso, teorias existem várias, porém nenhuma delas vale à pena (não pelo menos agora nesse momento).

Falar do óbvio é o mesmo que não falar, afinal quem escuta o mais do mesmo? Talvez os meus amigos chatonildos de sempre, e isso porque são amigos, porque quase a nem isso se dão o trabalho.

Melhor mesmo seria se tivesse tido a brilhante ideia de escrever "noooossa, noooossa, assim você me mata..." afinal quem se importa com os quase 200 milhões de reais que a supermega da virada vai pagar ao iludido cidadão Kane tupiniquim? ...De repente, até seria um bom consolo, penso que com um pouco de juízo poderia terminar a vida sem grandes preocupações (é o que o Fravinho sempre diz).

Tudo bem. Vamos pensando, falando e escrevendo, afinal: Quem vai descobri-lo? Como saberei qual é o texto? O que eu preciso fazer para ele chegar lá? Quem vai dizer sim, não importa? Quem se importa? Que critérios? Existe esse caminho?

Mas não tem alternativa a não ser virar logo o ano e voltar ao casulo, trabalho+família1+família2+férias=inspiração (e viva todos os Bs que a vida tem me oferecido).

...

Boa vida. Bica de Pedra (meia dúzia de gentes). Brothers (mais ou menos meia dúzia de gentes novamente). Branca (idas e vidas de um terno a cuidar). Benício (aurora de todos os dias ao meu, pintando).

...

Não sei de nenhuma delas e das outras mais, mas sei de uma coisa... No ano que vem eu respondo às novas velhas questões sem respostas de tentativas que virão... Respondendo...

Caminhar é inevitável; escolher é perceber...

Não tem mais jeito, o ano já se iniciou. Os planos todos acabaram de cair no meu colo, por isso não são mais promessas, porque sempre que passa a nostalgia do fim de ano, o novo ano é implacável. Agora não basta mais uma lista de sonhos, é preciso realizar, ou então, jogar para o próximo e aí quem sabe... Sonhar novamente.

Bom, seja pro ano que vem ou pra este mesmo, a vida continua e as questões não se findam, ao contrário, quanto mais questões elaboro, outras mais se multiplicam. Por isso mesmo resolvi uma delas, ou seja, enquanto filósofo não tenho pretensão nenhuma de respondê-las, mas escolher quais são as mais pertinentes ou prazerosas sobre as quais me debruçarei.

E a educação continua sendo uma das minhas escolhas, talvez à qual mais respostas eu tenha e com infinitas questões a se pensar e agir (pelo menos ainda).

Num outro dia, assistindo a um documentário numa TV educativa qualquer, falavam sobre a educação do Canadá (algo como "Charbonnel"). Alguns pontos chamaram-me à reflexão, visto que a educação, ainda que feita localmente, tem sua dimensão no universal.

De tudo que foi falado nessa reportagem, dois axiomas me fizeram parar para pensar, e na visão dos seus idealizadores, pelo contexto, eles se complementariam. Esse é o ponto do meu objeto de refutação, ou seja, para mim esses dois axiomas são antagônicos e não complementares.

Vamos a eles então: 1- É preciso toda uma cidade para educar uma criança; 2- Precisamos ganhar tempo.

1- Concordo quase que plenamente, porque além de toda a cidade também precisamos da zona rural (quase extinta pelo agronegócio, é só uma questão de tempo). Temos também as sociedades tribais (raras, mas com muito conhecimento gratuito a nós, civilizados da cidade moderna). Deixando esses detalhes de lado, diria que só poderemos ter uma educação integradora e integral quando toda a *polis* participar ativamente das decisões e reflexões acerca do presente das nossas crianças (obviamente que, para isso, não podemos, todo começo de ano, apoiar as nossas maiores preocupações na compra do material escolar, tampouco no reajuste das mensalidades escolares que foram acima da inflação).

2- Educação e ganho de tempo não se comungam. Essa é uma seara em que somente a lerdeza pode trazer bons frutos. O seu sabor está para cozinha vagabunda e descompromissada e não para os *fastfoods* da vida. O sabor suculento e tenro se faz no tempo certo, nem mais nem menos. Claro que já passou do tempo de reavermos a nossa educação, mas não será com esse sabor sonso e emplastado que saborearemos a boa comida, cardápio esse oferecido aos mais pobres pela indústria educacional vigente. É óbvio que essa não é a sua mesa, pois eles têm se servido muito bem à custa de gerações de imbecis e ignorantes que formamos em nossas universidades (trabalhar com educação no Brasil tem sido uma das piores funções, enquanto investir nela, somente para profissionais).

Duas questões acerca disso:

1- Como a educação pode ajudar nossas crianças em seus sonhos, criações, liberdades etc., sem a interferência adúltera do "salve-se quem puder"?

2- Para que tanta pressa, se no final vamos chegar todos em um único lugar?

O que importa aqui não é o lugar aonde vamos chegar, mas qual o caminho trilharemos nessa busca...

Doutor, eu não me engano, trocou o meu cabeção, e no lugar colocaram outro repolho...

Para que serve o aniversário? É uma pergunta um tanto esquisita, eu sei, mas é inevitável. Meu filho fará seu primeiro ano de vida, e como tinha combinado com a minha companheira não faríamos festa de buffet, no máximo, um bolinho e alguns amigos (claro que os nossos, porque ele mesmo nem sabe o que é isso).

Claro que esse combinado era antes dele nascer, agora com a proximidade do seu primeiro ano algumas coisas mudaram. Consegui pelo menos fugir do buffet, mas o bolinho e alguns amigos acabaram se metamorfoseando em alguns parentes Frankenstein (como estou longe, sei que alguns não virão, mas serei educado e convidarei) e outras comidas, mas enfim, penso que os presentes terão alguma ligação, pelo menos de sangue.

Pois bem, aquilo que deveria ser nada mais do que uma rotina acabou sendo objeto de reflexão. Lendo noticiário esportivo, atentei-me para a chamada da festa de aniversário do Neymar e seus convidados (participantes da festa).

Por que na verdade me interessaria pela festa dele? Bom, para ficar mais claro sobre o que estou falando, selecionei alguns trechos da reportagem (Aniversário não é uma festa íntima?) sobre sua festa. *"Todos quiseram dar um abraço em Neymar. Do cartunista Mauricio de Souza, ao ex-BBB Kleber Bambam, passando pelas atrizes globais Giovanna Lancellotti e Carolina Oliveira, além dos integrantes do Restart Pe Lanza e Thomas."*

De todas essas personagens, só não entendi uma delas, o Mauricio de Souza, afinal ele já é famoso, não precisa desse tipo de promoção, ou será que o Neymar será um de seus novos personagens para brincar com a turma da Mônica? Quanto aos demais, não tenho nada a dizer, afinal são as subcelebridades de sempre, alguns mais novinhos, outros mais decadentes.

E continua a reportagem: "*O tumulto de fãs e da imprensa na chegada do aniversariante foi tão grande que alguns jornalistas que estavam no meio do empurra-empurra chegaram a se machucar. Os seguranças tiveram trabalho para levar até o local fechado o jovem que ficou bastante incomodado. 'Deixa eu curtir', reclamou.*" (confete e privacidade, equação que não fecha, a não ser que o seu aprendizado matemático tenha sido em alguma escola estadual dos últimos 10 anos, mas também, quem é que quer saber de matemática nesse momento?)

Ele tem toda razão, afinal, quem convidou essa gente esquisita, pra essa festa estranha? Puxa vida, o rapaz não pode curtir sua festa de 20 aninhos com os amigos (quantos amigos nós temos aos 20 anos?)?

Jornalista machucado em festa de aniversário. Qual a matéria da faculdade de jornalismo que ensina a cobrir festas de aniversários? (Deve ser por isso que jornalista não é obrigado a fazer curso superior...)

Volto à questão inicial. Para que serve uma festa de aniversário? Talvez para nós anônimos mortais, reunir alguns amigos (quando os temos, claro), outros amigos dos amigos e por fim alguns parentes anuais.

Deixa pra lá, este mês é Carnaval, agora é a hora de preparar a fantasia e, com muita sorte, rasgá-la...só isso já me basta...

Respeitável público... Educação não é mercadoria, é ...

Dizem que o melhor negócio do mundo, quando bem administrado, é um banco; e o segundo melhor, mesmo sendo mal administrado, ainda continua sendo um banco. Pois então, eu colocaria entre esses dois negócios um terceiro elemento, não sei se ficaria em primeiro, porque contra banqueiro nem cancro mole mal curado, mas que em segundo, seria uma briga feia, isso sim seria. Pelo menos não temos histórico, desde a flexibilização da democratização da educação superior pela 9394/96, ou notícia de que alguma instituição dessas tenha aberto concordata.

Todo negócio tem dois princípios básicos se quiser ter vida longa no mercado:

1- Investir nos recursos humanos;

2- Ser ágil no pós-venda.

Entretanto na educação é o contrário.

1- Trocamos um mestre por dois..., e melhor ainda, um doutor por três... (primeiro princípio: na educação é nulo).

2- Quem é que devolve os profissionais com defeito para o seu fabricante? (segundo princípio: na educação isso é irrelevante).

Detalhe, o investimento em tecnologia se resume a uma tecnologia secular: GLS (giz, lousa e saliva), e quando engripa é só trocar, afinal tem um montão dessas peças à disposição, reserva de mercado muito bem feita após a democratização do saber, a saber... "A educação é a única área de investimento que tem 100% de certezas, ou seja, não é necessário investir nos recursos humanos e nem trocar a mercadoria com defeito."

Pois é, meu caro, a educação virou um negócio, e consequentemente um produto e mais ainda detidamente uma mercadoria. Espantado? Talvez não. Mas eu confesso que ainda não me acostumei a essa ideia e não estou me esforçando muito para isso, pelo menos não ainda (vai saber, de repente ganho algumas açõezinhas na bolsa. Pois é, agora universidade tem capital aberto – e universidade é pra dar lucro? Bom, dizem que são os novos tempos).

Tempos novos e problemas velhos, equação quase impossível desse animal com *status* de humano, mas as questões persistem, pelo menos por enquanto.

Dia desses, os estudantes, sentido baixada, cuja direção rumou ao centro do pão de queijo, questionaram-me diante dos gritos dos... Isso é que eu ainda não sei, inclusive fiz uma indagação a eles.

- Vocês lutam como estudantes ou como consumidores?

Explico-me melhor, pois se tudo não passa de um negócio, então você também não passa de um mero cliente, a não ser que a resistência ainda seja a sua arma contra todo esse negócio que a China há de abençoar.

Se dependesse das minhas esperanças diria que tudo não passa de um fogo sem luz, mas não foi o que vi (digo vi por que não me aguentei, tive de viver isso no e do chão da liberdade). Uma aluna ainda me indagou. - Hoje não haverá aula? Entendi a sua pergunta, mas preferi não ser direto e respondi: - Como não? Olha que aula mais linda, essa é pra entrar para a História ... e você terá a oportunidade de participar não como coadjuvante, mas com um pedaço da sua liberdade, que se juntada aos demais teremos uma liberdade de todos. Rimos um pro outro e logo em seguida ela sumiu na multidão.

Sei que alguns queriam apenas gritar e comer pipoca, ou mesmo tirar fotos para o *face,* lembrei-me muito dos caras-pintadas, mas é isso mesmo, cada um ao seu tempo. Outras imagens ainda mais lindas, os oprimidos do holerite das janelas dos seus sacros espaços, chamada sala de aula (que não tinha mais...)

Estudantes soltando aquele grito engasgado de tanto tempo, sem jeito, às vezes, mas insistiam e isso já é mais do que suficiente. Vi ali uma coisa, estamos diante de um paradoxo: de um lado estudantes; do outro, empresários.

Sei que essa batalha não é fácil, mas disso tudo tirei uma lição: o que querem de nós é um comportamento de consumidores, pois essa briga com o bolso. Por isso, temos então que transvalorar o valor, porque estudante que se preza luta com a alma na ponta da língua que nasce lá no fundão da nossa consciência de homem histórico e presente das suas demandas de continuar existindo.

Estudantes do nosso Brasil, não desistam...

Mais do mesmo... de novo...

Sinceramente, tem coisas que nem valem a pena discutir, mas, mesmo assim, damo-nos a esse trabalho. Às vezes, seria mais fácil se continuássemos com a certeza de que não precisávamos pensar, mas sabe-se lá por que, na caminhada evolutiva da espécie, alguma coisa acabou dando errado e descobrimos que podemos mais do que aquilo que realmente somos. Ou seja: pensamos!!! (maldito Descartes, "penso, logo existo").

Determinismos à parte, preciso reconhecer alguns preconceitos como ponto de partida para uma revisão mais detida em relação a essa sociedade da ordem e do progresso que o mando continua mandando nos mandados.

Selecionei alguns mais dos mesmos:

1- Torcidas organizadas se confrontam e morrem dois jovens.

Corolário: No país do futebol, é urgente uma arena que anteceda ao espetáculo da bola para o encontro das uniformizadas.

2- O Ministério Público descobre superfaturamento em obras do governo.

Corolário: Não sei como, mas quanto mais impostos você não pagar, menor será o desvio.

3- A educação brasileira é a pior entre os países emergentes.

Corolário: De repente, se importássemos as leis trabalhistas da China, teríamos um pibão.

4- Os professores não estão capacitados para os novos desafios do século XXI.

Corolário: Vamos liberar o porte de armas e incluir novas matrizes curriculares: defesa pessoal, treinamento de sobrevivência, afins...

5- O Brasil tem a maior taxa de juros do mundo

Corolário: Todo mundo paga quietinho. Por que haveriam de reclamar? Assim podemos culpar os impostos.

6- A seleção brasileira não convence.

Corolário: E nunca convencerá, mesmo sendo penta nunca estamos na ponta, segundo a Fifa.

7- Os homens ainda são os mais infiéis na relação.

Corolário: Mas não desistam mulheres, vocês já estão se aproximando e com grandes chances de nos vencer.

8- O tráfico alicia menores.

Corolário: Os maiores já estão.

9- Os presídios no Brasil não recuperam ninguém graças a nossa estrutura arcaica.

Corolário: É como coração de mãe, sempre cabe mais um. Salas superlotadas? É a inclusão...

10- Os professores ameaçam entrar em greve por melhores condições de trabalho.

Corolário: Por isso que o vira-lata não é pastor alemão, late, mas quem come é o gato.

11- Mais uma pessoa morre na fila à espera de atendimento em hospital público.

Corolário: Se não esperasse tanto poderia ter procrastinado mais nos dias de labuta.

12- No Brasil, as leis não conseguem punir os mais ricos.

Corolário: Pra quê? Os presídios já estão tão lotados.

Claro que um dia chegaremos lá, não se sabe muito bem onde, mas quem não tem lugar nenhum, qualquer lugar serve, ainda que não aceitemos, vamos chegar lá...

Agora eu sei que de nada sei...

Como não desistir, se tudo já está marcado para acabar? Ou pior, por que tentar algo, se no final, o que nos resta é um belo de um nada? Talvez o leitor pense que eu esteja sendo pessimista, mas até isso não é uma verdade tão absoluta assim, afinal tanto o pessimismo quanto o otimismo estão do mesmo lado de uma mesma sorte, no entanto, o realismo não passa de uma invenção da consciência social.

Outro dia me lembrava de uma memória afetiva e pensei nela como uma possível possibilidade de desalojamento para essas questões impertinentes que me esclareciam nos meus assombros. Há mais ou menos 15 anos, estive numa cidadezinha de Minas chamada Paraguaçu. Lembro-me como se fosse agora: eu, meus primos Márcio e Tiaguinho e um amigo da adolescência, Rodrigo. E o Fravinho, cujo pai conseguiu mandar nele uma única vez na vida. Estávamos caminhando pela cidade, quando avistamos uma montanha lá no horizonte, um sol quente e convidativo.

- E aí molecada, o que acham de subirmos aquele morro?

Acho que todos sentimos a mesma energia, tanto que o convite foi prontamente aceito por todos.

Ainda nessa mesma toada, estávamos lembrando outras memórias afetivas dessa mesma época, digo no plural porque estava nesse final de semana aqui em casa um grande amigo, o Fravinho, também da época da adolescência, (amizade que persiste na efemeridade do tempo gostoso).

E lá íamos nós: namorar, sair, beijar, ficar, aprontar, enfim numa cidadezinha próxima a Itapuí, com um nome simpático e indígena, Boraceia (não é a praia paulista, essa é a do interior, do centro do estado). E o mais impressionante era o nosso meio de locomoção: pé dois. Isso mesmo, a pé por 7 km, sendo que quatro deles era em uma vicinal sem nenhuma iluminação. E isso tudo acontecia nas noites de sábado, acompanhados por luas e frios.

Ah, também tinha e ainda tem no meio do caminho uma balsa atravessando o rio Tietê, (hoje, com carro e Sharon Stone do outro lado, vou precisar meditar os prós e contras). Não tem explicação, simplesmente era um gozo para o qual, ainda hoje, não tenho palavras.

Daí volto às questões iniciais desses finais que se iniciam constantemente. Era um tempo de pouco conhecimento e muita inconsequência. Sobrava coragem e pouca prudência. Inspirava amores e sobravam paixões. Não tinha horário, era um tempo que se fazia de tudo e mais um pouco em quaisquer momentos. Era tudo de mais sem ter nada de menos.

Passaram-se mais de 15 anos e o que sobrou? Não sei, sabendo muito mais e, depois de tudo isso, ainda querem que sejamos brasileiros e não desistamos nunca. Acho que entendi. Muito obrigado por me deixar falar. (...) Com certeza. Posso esperar a minha vez. O patrão primeiro. Sei aguardar o meu momento.

É tudo isso que o conhecimento nos traz, levando consigo tudo o mais debaixo do nosso nariz. (...) Tudo isso pra dizer que o conhecimento nos deixa muito mais racional e nos faz perder toda espontaneidade que só a vida possibilita... Santa ignorância que persiste.

Semeie futuro e colherá presente...

Estamos, direta ou indiretamente, participando das decisões da Rio + 20, digo isso porque o mundo está voltado para as nossas pequenas ações e grandiosos sonhos. Muita gente pode estar se perguntando: "O que eu tenho a ver com isso? Como contribuir se quem decide são os poderosos? Quais são as ações práticas que um cidadão comum pode ter?"

Enfim, questões não nos faltam, mas a grande questão é o que nós realmente podemos fazer.

Tenho duas respostas basicamente:

Primeira: NADA, afinal as grandes decisões já foram todas tomadas e nós, reles mortais e prisioneiros dos nossos grilhões e carnês, não temos muito o que fazer. Pra dizer bem a verdade, o jogo tem suas regras bem claras e para nós, cidadãos, os papeis já estão definidos, isto é, comportamento colaborativo, ajustamento psíquico e ações politicamente corretas, assim teremos chances de salvação dos nossos empregos e uma dose de estabilidade emocional.

Na segunda resposta: TUDO, ou seja, não dá pra ficar aí parado esperando que alguém decida por nós. É chegado o tempo de fazermos a história, participarmos dela como protagonistas, deixarmos as nossas marcas. É preciso decidir antes que alguém decida por nós. Enfim, a vida é agora e não vai ser nenhum pseudo-herói ou futuro que nos salvará.

Pois é, e agora? O mundo parece nos dar apenas essas duas alternativas, claro que para cada uma delas poderíamos fazer mil desdobramento.

Isso vêm sendo pensado desde Parmênides e Heráclito, Platão e Aristóteles, Cícero e Maquiavel, Rousseau e Hobbes, Corinthians e Palmeiras, enfim, nos dizem que o mundo é dividido em dois: os BONS e os MAUS.

Não vejo dessa maneira, apesar de estar enclausurado até o calcanhar nessa cultura de massa, ora subversivo de classe média, ora bom moço da cristandade. Horrível essa constatação, mas ainda assim tenho tentado cavar outro caminho e, muitas vezes, cavado no vazio, em terras flutuantes, enxadas de algodão, vácuos cheios de mau cheiro, abismos enlameados e isso e aquilo.

Levo na bagagem uma proposta inicial sem saber do caminho que percorrerei e quanto conseguirei, mas isso não é o que importa agora, apenas o que é.

Proposta Única de múltiplas:

(- PIB – Trabalho = + Vida Sustentável)

O malabarista e o garçom

Lembro-me como se fosse hoje. Estava vindo de Mogi a Itapuí. Era a primeira vez que andava no trem da CPTM, inclusive era a minha primeira visita aos meus pais. Estudante de Comércio Exterior (curso badalado na época - 1996) e como todo estudante do interior que se aventurava na cidade grande, aproveitava feriados prolongados para visitar a família e contar vantagens para os amigos que ficaram.

A primeira abordagem no trem, um chute na boca do estômago da minha parca consciência social, tanto que até hoje me lembro, ficou marcado. Sofria com aquela imagem toda vez que me lembrava, hoje muito menos. Talvez o costume com o farrapo humano. Esse é o problema de tanta desgraça e, ao mesmo tempo, limitado às polegadas da nossa TV.

Enfim, a imagem da qual estou falando era de uma adolescente, acho que entre 14 e 16 anos. Essa menina entrou e começou a falar muito, relatava a sua vida, claro que uma desgraça anunciada. Falava e falava, de repente, começou a erguer a sua camiseta. Subiu-a até a altura da cabeça. Estava sem sutiã e de costas pra mim. Tudo aquilo já tinha me chocado demais, porém quando ela se vira... Simplesmente a menina não tinha os seios, ou melhor, tinha, mas eles estavam todos escorridos, do pescoço à cintura. Queimadura provavelmente. Aquilo ficou na minha cabeça por anos. (Acho que entendo quando dizem que o tempo é o melhor remédio).

Tudo que eu podia fazer naquele momento era dar um dinheiro, e foi o que eu fiz. E por que estou relembrando essa história? Porque como essa, vieram muitas outras depois (não com todo esse apelo corporal, mas com outros: doenças terminais, desempregados com filhos pra criar, desgraças emocionais ... enfim, o repertório é grande).

Selecionei esse bilhete na última vez que viajei de trem. Dizia o seguinte:

> Senhores passageiros primeiramente meu nome é Kleber e estou aqui para pedir uma ajuda para vocês, minha mãe está passando por muitas necessidades, fomos despejados de casa e não temos condições para paga aluguel. Nós nem temos o que comer. Aquele que poder ajudar com 0,05 ou 0,10 centavos eu agradeço e que DEUS abençoe sua viagem. Obrigado. Melhor pedir do que roubar.

O moço passava pelos passageiros sentados e depositava esse recado no colo de cada um de nós. Simplesmente ele colocava o papel na altura do joelho de cada um de nós e não dizia uma palavra sequer, nem licença para depositar, tampouco obrigado por usar o nosso colo de apoio para a sua publicidade social.

Logo a minha frente, dois homens, indiferentes ao mundo, nem se tocaram do bilhete que o jovem ia deixando e retirando.

Do outro lado, três meninas e dois meninos, sendo um, casal. Todos na faixa dos 16 anos mais ou menos. A menina mais mulher que o par dela, fazendo um joguinho de sedução. Quarenta minutos e nenhum beijo (mulher é foda!!!).

E para terminar, o jovem excluído senta-se ao lado de outro jovem, malabarista, não por destino, mas por forças conjunturais em outros tempos, segundo seu próprio testemunho, mas, agora, podia aconselhá-lo dos tempos melhores e tudo graças à dignidade que o trabalho lhe proporcionara (Isso foi o que eu pensei lembrando do finado Kurz).

...

Há muito tempo que desisti de salvar o mundo com as minhas esmolas, ultimamente tenho utilizado outro critério, não importa o quão grave seja o problema do reclamante, faço uma avaliação e dou o dinheiro quando gosto do argumento. Meu critério é simples: histórias muito desgraçadas; tristezas em demasia; vítimas do sistema. Enfim, os pobres coitados não me empolgam mais, mas é a beleza do cotidiano apresentado, o inusitado que tira o coelho da cartola, o criativo das impossíveis criatividades, aí sim, esses têm os meus aplausos. Se, no final, tudo for invenção da choradeira, então que salvemos a estética da linguagem.

Em tempo, tem três coisas que ainda me matam: gente com fome, velho sujo e maltratado morando na rua e criança abandonada e drogada na rua. O que eu faço? Compro comida pra quem está com fome, não resisto.

Quanto à dignidade? Talvez tenha que continuar nos meus malabares provincianos de carteira assinada e comprando coxinha pra quem tem fome.

Eu te perdoo por me odiar

- Você mentiu para mim.

De repente alguém te profere essa sentença. E com todos os argumentos, dos mais inquestionáveis possíveis e improváveis você não sabe como sair dessa, restando-lhe apenas ficar cabisbaixo, avermelhar-se e entregar-se ao acusador, arauto da moralidade e da verdade ilibada, de um sujeito que bate no peito e sorri da sua verdade nua e crua.

Tudo bem, você poderia ter outra reação, afinal a melhor defesa é o ataque. E assim o show estaria garantido com todas as meias verdades, cada qual defendendo a sua, mesmo porque a dor do outro sempre é mais dolorida.

Partimos do pressuposto que cada um tem a sua verdade. Logicamente é impossível uma verdade para cada um, no máximo o que conseguimos são opiniões e bem da meia boca, inteiramente enganada de verdades.

Os gregos, que tanto se preocuparam com a verdade, faziam essa diferenciação. Para eles, isso que nós chamamos de verdade de cada um, é opinião, enquanto aquela que teria validade universal, ou seja, a verdade verdadeiramente verdadeira, jamais se revelaria, pelo menos não tão facilmente como nos dizem nossos juízos mesquinhos e imaturos.

Gosto da definição de verdade da Célia, uma querida amiga: "a verdade tem três versões, isto é, a sua, a do outro, e a verdade em si".

Dado que jamais poderemos tocar a verdade na sua real verdadeira verdade, fico com Cazuza, "mentiras sinceras me interessam," ao menos são verdades humanas e unicamente humanas. Empresa essa fadada ao fracasso, e mesmo consciente dela, continuo a buscar. Pergunto-me o porquê, quase sempre, e respondo: a esperança não é chegar, mas é saber continuar esperançando.

E daí uma pergunta que fica e some:

Você mente? Antes que alguém conte uma mentira eu digo, não minto jamais, a verdade nem sempre (aprendi isso com um Papa de cujo nome não lembro). Por isso, da próxima vez que for acusado de mentir, não se preocupe, a mentira é divina, não porque o Papa nos deu jurisprudência, mas porque sem a mentira jamais teríamos criado a Literatura, a Poesia, a Matemática, a Filosofia, enfim, o conhecimento, afinal, seus criadores sabiam exatamente o que estavam fazendo.

O bom humor e o centro de oncologia do planeta advertem: mentir faz bem à saúde e preserva os dentes. Uma dica: tanto a verdade quanto a mentira têm um estoque a ser gasto, por isso faça uma boa distribuição ou, então, pode se tornar um Saraiva, que ninguém aguenta por perto, ou um Paraná, que só é levado a sério quando conta piadas.

É por essas e outras que jamais minto em relação à verdade. Sou do partido da verdade, custe o que custar, nem que para isso precise das minhas mentiras sinceras. Essa é a mais pura verdade, se é que interessa a você, porque a mim interessa.

Professores, muitas felicidades

Vamos comemorar, é o nosso dia, ao menos um deles nos foi reservado nessa loucura toda. Hoje recebi mensagens singelas e otimistas quanto a nossa profissão. O que seria da sociedade se não fosse o professor? Aquele que inicia todas as outras profissões. É o alicerce da nossa sociedade, afinal, uma casa sem uma boa base, cai.

Enfim, vou deixar todos os elogios desse grande dia para aqueles que gostam de nós e nos aplaudem sempre que podem.

Também vou deixar os imperativos e axiomas por conta da sociedade, dos seus homens de bem e das autoridades sobre a nossa imprescindibilidade nesta que tanto ajudamos a construir.

Idiossincrasias à parte, pensei em destacar alguns pontos importantes a fim de lembrarmos o porquê de comemorarmos este dia, pois seria injusto passarmos em branco:

- Depois de uma luta secular, conseguimos aprovar o piso salarial de abrangência nacional, isto é: 2,33 salários mínimos por uma jornada de 40 h/s;

- Apesar de a ciência ter conquistado o espaço, a Lua e agora Marte, ainda estamos discutindo qual o número ideal de alunos por sala. Em relação à quantidade de alunos por professor ainda nem tocamos nesse ponto, afinal, uma coisa de cada vez;

- Agora os pobres já podem comemorar, a Dilma sancionou a lei (*DECRETO Nº 7.824*) da tão sonhada e controversa cota social, ou seja, agora 50% é nóis mano;

- Ainda não decidimos se aprendemos melhor pelo adestramento enciclopédico ou pela conquista da autonomia, ainda que isso já tenha sido objeto de discussão de Sócrates, Montaigne, Rousseau, Paulo

Freire, enfim, nós, iluminados mestres, ainda não temos um parecer, afinal somente quem vive dentro da sala de aula é que sabe qual o melhor caminho;

- O planeta continua muito bem obrigado, progredindo e crescendo, por isso mesmo vamos investir numa educação de primeira linha, pois o mercado de trabalho precisa dos melhores e a escola sabe como fazer isso. Aos retardatários: inclusão neles.

E pra finalizar. Noutro dia, uma aluna do curso de Pedagogia (estagiária de um colégio privado) chegou a mim e disse: - Sabe professor, agora lá na escola temos um refeitório. É no porão ... Bom, pra nós, professores, não. Só para os funcionários. Assim, ninguém incomoda os alunos na hora da recreação.

Não sei por que, de repente me veio à cabeça Castro Alves, "Sê pobre, que importa? Sê livre... és gigante," por isso navegar não é preciso quando tudo está na imensidão da emergência imersa de um navio colorido.

Tim-Tim, é o nosso dia e tudo que menos temos é o que comemorar...

Realidade? Ser otimista ou pessimista? Eis...

Tudo bem, eu reconheço, sou mais pessimista do que otimista, apesar de achar que estou mais para realista puritano que pessimista construtivista. Otimismo nunca, a não ser quando preciso que a humanidade não desista dela mesma e, muitas vezes, isso vem na forma de um anjo caído (é impressionante como isso cola em mim, talvez por isso pense na psicanálise, apesar de saber que só ouvir é muito pouco, lá vou eu puritinando outra vez...).

Aristotelicamente falando vamos entender os opostos entre o otimismo e o pessimismo:

<u>Otimista:</u> sujeito bem-humorado; sempre vê saída naquilo que não existe, positivo diante das tragédias; se está ruim, pensa que poderia ser pior (é só o joelho, poderia estar paralítico); é pobre, mas o que importa é ter uma família unida e, principalmente, com saúde; para os prósperos, a crise não é o limite, mas a oportunidade para novos caminhos, descobertas, rumos, enfim, é na crise que nos fortalecemos; quando todo mundo diz que já acabou, vem o otimista de plantão e diz que essa é a chance que Deus está nos oferecendo para um novo recomeço, afinal o que importa é estar vivo. Tudo bem, já me convenci, o otimismo realmente levanta defunto, ou pelo menos os quase mortos, porque morto, morto ficará.

<u>Pessimista:</u> sujeito de mal da vida; nunca vê uma boa saída para os problemas, ou seja, o ser humano é mau por natureza (Deus esqueceu de nós, ou nos abandonou mesmo, o que é o mais provável); a pobreza é a prova cabal da nossa incapacidade de

vivermos como uma grande comunidade; quando tudo está ruim, lembre-se que depois tem o péssimo, o calamitoso, o trágico e, por fim, o fim; a crise não tem saída a não ser a própria ruína; de nada adianta o altruísmo, afinal ou estamos apenas alimentando o nosso ego, ou reproduzindo a pobreza enlatada e vendida como responsabilidade social. Enfim, para ser pessimista não é muito difícil, motivos são mils e não faltam outros mils.

Realista ou realidade: não sei se vou ser realista ou apenas dizer algumas coisas que seriam fatos da realidade (deixo para o leitor que terá mais inteligência para discernir, acrescentar ou mesmo retirar essas realidades do mundo i-real apresentado aqui nesse texto mal ou bem-humorado) Vamos então aos fatos:

1- Metade da riqueza do mundo está sob o controle de 1% da população mundial;

2- O salário mínimo brasileiro equivale a 25% do que o DIEESE considera ser o necessário para uma vida mínima;

3- O mundo produz 20% a mais de coisas de que que necessitamos para viver, enquanto 30% da população mundial morrem por desnutrição;

4- Com o orçamento da OTAN seria possível acabar com a pobreza do mundo pelo menos duas vezes;

5- As armas de fogo matam mais que qualquer doença no mundo. Só no Brasil é assassinada uma pessoa a cada 10 minutos;

6- Ainda matamos, segregamos, empobrecemos, dilaceramos as pessoas pela cor da pele;

7- A homofobia é uma realidade, tanto que precisamos de leis específicas para defesa irrestrita da paz na orientação sexual;

8- As mulheres continuam sendo vilipendiadas; ganhando menos; decepadas em seu prazer; excessivamente cobertas ou desnudadas, tudo em nome da liberdade arcaica cultural ou das exigências do mercado;

9- Apesar de todo desenvolvimento tecnológico, uma revolução copernicana, no qual o século XX equivaleu aos demais, nunca fomos tão escravizados na perda do nosso tempo em detrimento do discurso da ordem e progresso;

10- Ao contrário do que defendem as democracias modernas em relação à liberdade de expressão, somente o cartão de crédito e um bom limite te fará livre;

11- O espaço não é problema, mas é a garantia contratual e o respeito à propriedade privada que empurram 50% da população brasileira a moradias em falésias, barracos, pontes, especulação imobiliária e toda sorte de um quadrado ou redondo que possa ser chamado de meu.

Realidade? Ser otimista ou pessimista? Eis...

O poeta Ferreira Gullar diz que a vida é uma invenção, e nós podemos inventar tanto coisas boas como coisas ruins. Ele, em particular, prefere inventar a vida como algo bom, bonito, belo, enfim, ele é um otimista, porém órfão, afinal, se somos nós que inventamos a vida, então estamos jogados a própria sorte e criatividade.

Tendo a concordar com ele, mas não sei se com tanto otimismo, isso dependerá muito do dia e de como acordo, que em nada depende de mim.

É tempo de renasceração, é? Natal!!!

De fato não tenho nada de útil pra dizer, mas mesmo assim, seja pelo compromisso social, seja pela tranquilidade da minha própria consciência, coloquei-me à frente desta máquina para pensar e escrever algumas palavras, sabendo e acreditando na sua insignificância desde o momento em que comecei a me cobrar para dizer alguma coisa neste mês que já foi mais esperado por mim.

Antigamente, bom, talvez há uns 15 ou 20 anos, tinha o mês de dezembro como o melhor de todos. Cada dia era como comer um pedacinho daquele bolo mais gostoso. Gosto de infância. Tinha décimo terceiro, mesada, amigo secreto, namoradas, sonhos, enfim, inocência, até Papai Noel tinha, mas o "velho batuta", aquele "porco capitalista", cantado pelos Garotos Podres, me convenceu, "aqui não existe natal."

Daí, de repente, preciso ouvir que o Jojô é o nosso herói nacional. Agora, os corruptos pelo menos estão sendo condenados a penas que nunca cumprirão. Mas o que importa, se a nossa pseudoclasse média vejista e carista diz? Então, é, isto é, em época de carência idiossincrática, vale até o homem da capa e pele preta que está salvando o nosso país. Aguenta o Azevedo agora.

Enquanto isso, o cacique Raoni vai a Genebra, no estado do Piauí, Suíça, bom isso não importa na Geografia, e pede o seguinte: "Justiça Já", nós também queremos ver a Belo Monte funcionando, afinal como poderemos controlar nossos i-pads ou i-phones? (é assim mesmo que se escreve?), enfim, índio tem é que ficar na aldeia, depois reclama que álcool é inflamável.

De um lado, o homem pobre que subiu na vida honestamente com muito afinco e estudos, exemplo iconofágico (não será agora que vamos comê-lo) das nossas culpas por mais de um século pelo menos; do outro, o defensor das causas nobres, mas tão refinadas que são inatingíveis para nós reles mortais que não conseguimos mais que manter a prestação (atenção com concentração) em dia.

Quem é que tem coragem de falar de luta de classes? Hoje o que nós ouvimos é o fim da luta de classes. Particularmente, acredito que deva ser verdade, afinal a nossa luta hoje é com o carnê, com o cartão de crédito, com o financiamento da casa própria, com o consignado, enfim, não dá mais tempo pra mudar de classe.

- Parabéns, você bateu a sua meta em 200% na venda dos empréstimos, se continuar assim, prometo te arrumar um bônus legal pro natal, mas todos devem compreender a filosofia da empresa tanto quanto você, você me compreende né?

- Claro, como não entenderia...

O campeão dos campeões...

"Salve o Corinthians, O campeão dos campeões, eternamente dentro dos nossos corações, salve o Corinthians de tradições e glórias mil, tu és orgulho, dos esportistas do Brasil"

Podem dizer o que quiserem, mas o timão é o campeão dos campeões, é o único bicampeão do mundo entre os times brasileiros e o que me parece, no mundo, só o Barcelona também tem dois títulos mundiais. E se alguém tem alguma dúvida, basta consultar o seguinte endereço na internet. (Não fomos nós, corintianos, que criamos o Wikipédia, por favor!!!)

http://pt.wikipedia.org/wiki/Anexo:Lista_de_t%C3%A Dtulos_internacionais_de_clubes_brasileiros_de_fut ebol

Quanto à invasão corintiana no Japão, não vou dizer nada. Não tenho competência para isso. Deixo para os especialistas no assunto. Tática e fundamentos também não são o meu forte, mas emoção, sim! Era só ver, ouvir, ou mesmo os dois sentimentos e manifestações que vinham das arquibancadas que nenhuma explicação será precisa. Os *blues* nem apareceram, parecia que era tudo preto e branco mesmo.

E só pra encerrar aquela velha discussão sobre o título mundial de 2000 (o título pelo qual mais sofri e me emocionei... depois o mercantilismo tomou posse dos meus turvos juízos que só no futebol é possível), vamos às duas teses:

Primeira: naquele ano, o Corinthians foi campeão do mundo em janeiro, e o Boca Juniors, campeão intercontinental em dezembro, ou seja, a

Fifa organizou apenas um campeonato, no qual o campeão fomos nós, Corinthians.

Segunda: se o título do Corinthians não é legítimo, tampouco o dos franceses na copa de 1998 realizada na França, onde ela somente participou por ser o país sede.

Invejas e ressentimentos à parte, sei reconhecer que não somos os maiores campeões de títulos internacionais em quantidade, pois só temos 3, enquanto que o maior de todos tem 12 (apesar de contar a segunda divisão da Libertadores como título, mas tudo bem, tá valendo, de repente, poderemos considerar um brasileiro a mais). No Brasil, somos o terceiro com 8 títulos nacionais, atrás de Palmeiras com 10 e Santos 9.

Mas somos o MAIOR CAMPEÃO DO MUNDO entre os times brasileiros com títulos da Copa do Mundo de Clubes, ou seja, temos 2 títulos, enquanto São Paulo e Internacional tem apenas 1 cada. É isso, o resto é choradeira, e só pra lembrar, ao contrário do que dizem por aí, não existe nenhum tricampeão do mundo, só bi, e nós somos um deles...

Então, "Vai Curintia, aqui tem um bando de loco, Corinthians meu amor, eu nunca vou te abandonar" Estamos chegando...

Um ano em dois atos

O ano passado foi um daqueles que durarão por muito tempo na minha memória, talvez nunca se apague e muitos frutos ainda haverão de brotar, como esse que compartilho agora. Um agora que se forja sempre pelo que vivemos em nome daquilo que sonhamos em viver, e assim se faz o presente, entre um resvalo e outro, é a vida.

E a utopia continua no possível do sempre impossível presente que não se basta apenas em viver pra frente, sempre dependente de uma volta e meia nas paredes da memória, pelo menos enquanto as tenho. Sentido único e múltiplo da vida, se não lembramos, fenecemos, não apenas na carne, mas na vontade de poder (pelo menos comigo é assim, e desconfio que com todos que choram, assim seja).

Primeiro ato: o doce, mas nevrálgico Leonardo Boff. Estive com ele em duas ocasiões no ano passado, uma em Mogi (saudades), e a outra na Rio+20. Questionei-o sobre as escolas fincadas na ideologia desenvolvimentista, formadora de mão de obra, qualidade mirada para o mercado de trabalho. Sua resposta foi suave e ensurdecedora: *"A escola é a chocadeira do sistema..."*

Penso que não preciso dizer mais nada, tudo está dito, mas nada resolvido. O que é mesmo que precisa ser resolvido, dito? Nada...

Posso dizer apenas isso: algumas coisas nos calam tão fundo que só nos resta continuar caminhando. Pelas mesmas estradas? Pode ser, mas vislumbrando novas paisagens, criando atalhos, parando, correndo, morrendo, vivendo e voltando ao começo, com a história e ídolos matados, sem o mínimo de interesse pela chegada, apenas pelo simples prazer de ir indo.

Segundo ato: depois de tanto sonhar, fui até o teatro Oficina e lá vi, participei, comi, senti e, por fim, falamos. Aquele homem, que te come por tudo que pensa e diz seu texto, sua gana, sua estética, sua tara num corpo que já não mais condiz, uma pena, afinal, a melhor idade não passa de alguns segundos a mais.

Mas vivi muito silenciosamente ecoando em mim algumas de suas palavras ... e de toda aquela montanha, um fragmento me grudou: *"Somos todos bichos humanos iguais"*. Tudo bem, até aí, nada demais para um leitor médio, mas depois de todo aquele vinho, aquela práxis, aquela comida, é óbvio, se somos todos bichos humanos iguais, então preciso voltar e repensar toda a minha trajetória de comedor de viúvas negras.

Zé Celso não sente culpa. O homem? Isso já não me interessa. É o antropófago dos palcos meu intento, é aquela comida que fui (fomos???) buscar, é a igualdade na fome de compartilhar cada pedaço, é o abocanhar a existência pelo inteiro de cada naco suculento, é o jorrar pelos buracos possíveis e inimagináveis, é simplesmente viver e comer cada fragmento de suspiro, é viver indo.

Às vezes, é preciso fechar as cortinas, ter a coragem de um Walmor Chagas. Juízo nenhum é mais forte que a vontade de poder, nem mesmo os apelos de que a vida sempre vale a pena. Morrer de morte provocada, às vezes, é a única forma de provocar a vida a continuar indo.

As cortinas se fecharam, mas não o palco da vida, apesar do amigo estranho engasgado no último gole de coca gelada, a vida continua indo... e é nesse balanço de lá pra cá, de cá pra lá, que o jardim da vida persiste em ir indo...

Tempo é vida... a banda passa...

"Estava à toa na vida... Pra ver a banda passar... O homem sério que contava dinheiro parou..." Mesmo soltos, os versos do Chico são geniais, quando lidos e ouvidos pelo todo mais ainda, não pelo todo, mas pelo deleite estético. Assim é a linguagem, ela nunca se encerra em si mesma.

Às vezes, dizemos tudo que queremos, e o resultado é que ninguém entendeu o que de fato gostaríamos de ter dito. Outras vezes, o empréstimo que fazemos de um todo é o suficiente para dizer o que nem sequer tínhamos a pretensão de dizer.

É por isso que levar a vida a sério é o mesmo que pensar que é possível parar a banda. Por isso, entre estar à toa na vida ou ter uma vida à toa não faz diferença nenhuma, a não ser pro discurso do convencimento do próprio sujeito, que, ou está assujeitado, ou assujeitando está.

...

Analisemos o que Clarice Lispector diz, não exatamente de modo analítico, muito menos hermeneuticamente, mas apenas como exercício de quem para um pouquinho e pensa: *"Liberdade é pouco. O que eu desejo ainda não tem nome."* Talvez o entendimento acerca da liberdade seja o mais enigmático na nossa língua, afinal como também poetizou Cecília Meireles, *"Liberdade é uma palavra que o sonho humano alimenta, não há ninguém que explique e ninguém que não entenda."*

É quase uma heresia tentar explicar esses dois aforismos, bom, não é quase, é. Enfim, como nada é sagrado a não ser o simples fato de que alguém assim o disse, e outro alguém assim aceitou, vamos então partir para o profano.

Liberdade é uma palavra ou um sentimento? Um sentimento que, de repente, a humanidade nomeou de liberdade para exprimir aquilo que tanto angustiava os homens? Ou é apenas uma palavra para dizer aquilo que nunca seríamos capazes de sentir na sua totalidade, simplesmente pela falta do que dizer, então criamos mais uma palavra incompleta?

O desejo nunca está completo, e por mais liberdade que conquistemos, ainda falta dizer o que não tem nome. E é dessa tautologia que nos alimentamos. Tirar isso do humano não é uma possibilidade, ou simplesmente não existiria humano. Fogo, terra, ar, água, elementos essenciais para vida orgânica, mas incompletos para o bicho humano fazedor de incompletudes, constituído de totais efêmeros e eternos inacabamentos.

...

Às vezes, falamos demais e morremos pela boca, outras vezes deixamos de dizer algo e morremos pela falta de boca.

Todos querem ter razão, donos da verdade, ou como dizem os pseudodemocráticos, "quero apenas dizer a minha verdade", como se fosse possível todo mundo ter uma verdade e simplesmente a sociedade chancelar essa torre de Babel de todas as idiossincrasias. Assim dormiríamos felizes para sempre.

Daí mais um engano do homem moderno e tecnocrático. Mas até aí qual o problema? Nenhum, afinal a verdade se transforma em apenas mais um dos fetiches e logo em seguida um produto a ser comprado e consumido.

É nesse ponto que entra Wittgenstein quando diz: "As fronteiras da minha linguagem são as fronteiras do meu universo." Ou seja, que tamanho tem a sua linguagem? Qual o princípio ético que rege a sua introdução? Em que tribuna você tem construído seus discursos? Qual o limiar entre o seu universo e a sua incompleta construção de relações?

Somente suas respostas poderão dizer alguma coisa. Sei que no final tudo é linguagem. Contudo, é por meio dela que podemos ter a cultura do diálogo e do fazimento estético, em que o tempo é a vida.

Ou uma cultura do tempo a ganhar, na qual o homem será sempre sério sem tempo de parar pra ver a banda passar porque precisava continuar contando dinheiro.

Mesmo assim, sempre sim, pois somente a vida merece o meu sim.

Quantos Vadicos terão que morrer?

Essa é só mais uma pergunta para as estatísticas, entretanto não pra mim e mais meia dúzia de gatos pingados. Sei que todos os dias são muitos deles que se vão em nome do progresso ilimitado, enquanto a vida, essa sim limitada.

Quais seriam os motivos? Quem se importa com os motivos?

Novamente as estatísticas elucubradoras de políticas públicas de algum órgão responsável pelo melhor caminho. Mas é uma pena, porque a vida não se refaz depois de um segundo de descuido. A vida não perdoa, nem sequer um segundo, ao contrário do relógio que pode voltar ou adiantar, o tempo da vida tem lógica própria e não para um minuto sequer, ao mínimo descuido... acabou, ou simplesmente, fim de linha.

Não é hora de buscar culpados, afinal antes mesmo do seu fim, o culpado já está condenado. É o maldito sono que nos é roubado pela faca da cultura do parcelamento e do desenvolvimento, afinal, todo trabalhador merece ter o seu carrinho zero, ainda que esse custe alguns anos de sono.

A matemática é simples: quanto mais tempo se ganha, menos vida se sobra. Será que alguém ganha com isso? Talvez. Mas não vamos ser simplistas e achar que o senhor simplesmente é o culpado pela pressão que exerce sobre o tempo do corredor. Isso seria muita afetação esquerdista.

Obviamente que a vida para o senhor exige menos riscos, afinal ficar atrás de uma mesa, pressionando ao telefone, é menos arriscado. Talvez não muito menos pela face oculta das bolsas mundiais que estão ditando todos os absolutos valores.

Por outro lado, não podemos deixar de pensar em nossos irmãos do Norte, que viajam em verdadeiras máquinas mais potentes, mais confortáveis e mais seguras.

A matemática é simples novamente, enquanto nossos irmãos do Norte levam 22 toneladas em 600 cavalos e 5 eixos, nós, aqui no Sul, levamos 60 toneladas em 500 cavalos, com 9 eixos. Sobre a infraestrutura e catracas livres prefiro nem comentar.

Novamente, não vou simplesmente eleger um culpado, mas, com certeza, precisamos parar e pensar (apesar de que não acredito muito nessa hipótese). Enquanto isso, vamos prorrogando mais um pouco as leis que protegem o lado mais fraco da história (o que não tem nada de anormal, inclusive dizem que nem existe o lado mais fraco).

A pergunta que insiste é: quantos Vadicos ainda terão que morrer? Na verdade, essa não é a pergunta, porque Vadicos, Joãos, Pedros, Luizas são apenas ornamentos nessa engrenagem toda, e Chaplin, lá no começo do século, em seu Tempos Modernos, já tinha nos alertado sobre a questão. Idiotas somos nós, que insistimos com questões anacrônicas ao sistema.

Falar mal do sistema, questioná-lo, criticá-lo está fora de moda, é tão piegas que é possível ser excluído da rede. Por isso admito... Rendo-me!

O senhor motorista dormiu. E que isso sirva de alerta aos outros, quando estiverem como sono, parem e durmam, nem que isso te custe alguns reais, afinal a vida vale muito mais do que qualquer carro zero, ainda que a novela das 9 insista, seja forte, você sempre será mais forte do que tudo e contra todas essas besteiras publicitárias que nos insistem por meio dos nosso filhos, esposa, vizinho, 3000 inserções diárias, enfim, assuma sua culpa e deixe o mundo rolar.

0,20 centavos de esperanças e ilusões...

Infelizmente eu não acredito em milagres, acho até que existem pessoas sérias que se debruçam sobre o tema e tem bons argumentos a favor, mas infelizmente minha parca inteligência não consegue concebê-los.

Na vida, aquela história de que somos um dentre os milhões de espermatozoides é como se, de repente, cada espermatozoide estivesse equipado de consciência e somente um deles, sabe-se lá por que, foi o grande vitorioso, ou mesmo um milagre, mas, por algum motivo que não vamos saber jamais, os outros não conseguiram chegar lá. Então, a questão é: milagre de quem? E por que esse e não aquele? Ou seja, impossível, a não ser a aleatoriedade mesmo.

Isso é muita paranoia, sem dizer que começaríamos a tecer uma colcha sem fim. Espíritas defendendo o destino e o porquê daquele espermatozoide em detrimento dos outros; os cristãos defendendo o livre arbítrio e o espermatozoide que preferiu visitar outros orifícios; e muitos outros malucos com elucubrações das mais variadas.

Confesso que eu mesmo ficaria maluco em tentar qualificar todas as teses acerca do espermatozoide vencedor. (sei lá baseado em que eu disse isso agora!!!).

Resumindo a questão: se existe milagre ou não, eu não sei, mas uma coisa é certa: nascer e continuar vivendo neste mundo já é um milagre por si só. Não um milagre espontâneo, mas uma luta continua entre todas as intempéries que não escolhemos, tampouco podemos decidir.

Aproveitando o momento, vou me ater a um bom exemplo: tenho lido e visto muita gente falando sobre os protestos, escrevendo, sugerindo, enfim..., então decidi dar a minha cota de contribuição.

Sei que de nada valerá, como nenhuma teve ou terá validade, mas como ainda vivemos num país aparentemente democrático e, na democracia, o que vale não é o conteúdo, mas a forma, vou eu também me arriscar nesse limbo social.

De fato, os últimos protestos têm uma característica inovadora, ou pelo menos revestida de aparente inovação. O modelo antigo, ou pelo menos *démodé* no momento, é o movimento vertical, com lideranças pré-definidas e pauta de reivindicações minimamente objetivadas.

Entretanto, os neoevolucionários do Brasil têm uma liderança horizontal e efêmera. Qualquer pessoa pode iniciar uma nova pauta nas redes sociais, basta um tema e um pouco de persuasão, pelo menos tem muita gente acreditando nisso, curtindo ou compartilhando cos amigos que têm outros amigos e muito mais amigos dos amigos, virtuais é claro.

Nesses casos, as reivindicações são muitas e fragmentadas. Não existe uma agenda unitária, você vê, no mesmo bolo, pedidos como: queremos honestidade na política; queremos apenar fumar unzinho; fora Feliciano; menos TV e mais educação; não a PEC 37; enfim, não vou conseguir relacionar toda essa multiplicidade de temas, e nem é essa a intenção.

Então, aonde quero chegar?

Antes de responder essa pergunta, tenho visto muita gente bem intencionada acreditando na "revolução popular", ou pelo menos legitimando o movimento. Cristovam Buarque disse que violência é o povo ser tratado com descaso pelos hospitais brasileiros e morrendo por falta de leito hospitalar. Ricardo Boechat disse que é preciso vandalismo diante das autoridades, como riscar seus carros, arremessar ovos, enfim, todas as formas de agressão às instituições são, no mínimo, libertárias.

Recorrentemente, tenho escutado: o povo cansou, agora vamos tomar as ruas porque o país é nosso e, se não fizerem o que queremos, não vamos parar com as manifestações, os políticos terão de nos ouvir, pois é o povo que manda.

Contudo, tenho outras perguntas antes de responder aonde quero chegar e se, de fato, o povo chegou ao poder. Vamos a elas:

- O que aconteceu com todos os analfabetos funcionais diplomados do nosso país? (Talvez uns 7 a cada 10 diplomados no ensino médio, e pelo menos 1/3 dos universitários certificados)

- O que aconteceu com a nossa Argentina de miseráveis? (quem acredita nessa lorota em relação ao fim da miséria)

- O que aconteceu com a cultura da estética do protesto, vanguardista, que não passa de uma boa página da história? (ao que me parece, o pop funk universitário está a todo vapor)

- O que aconteceu com as 44 horas semanais de exploração nossa de cada dia, em ônibus lotados e mais umas 30 horas empoleirados? (não me parece que agora temos horas extras por tempo perdido em ônibus com cadeiras cativas e confortáveis ao som de Vila Lobos ou Karina Bhur).

- O que aconteceu com as escolas reprodutoras dos *status quo* e sem nenhuma prática e sentido libertários? (ao que me parece continuamos sentados enfileirados e treinados para o mundo do trabalho alienado).

São tantas as questões que poderia ficar, quase que infinitamente, elencando-as, mas não consigo compreender como um povo que até outro dia era reconhecido como uma massa de ignorantes, de repente, passou a tomar consciência de todos os seus problemas e, agora, está pronto para todas as mudanças necessárias de que tanto precisamos.

É como se, de repente, tivéssemos tomado, ou melhor, toda aquela coisa de consciência histórica fizesse parte da nossa realidade. É como se todo estofo necessário submergisse do inconsciente para um esclarecimento irradiante (nem o Iluminismo previu tanta magnitude e vitalidade).

Não estou dizendo, com isso, que não somos um povo guerreiro, ao contrário, somos até demais, tanto que matamos mais pessoas em um ano do que qualquer guerra assumidamente declarada por todos os cantos deste mundo.

Desculpem-me os otimistas, incluo aqui Frei Beto que disse: "a cabeça pensa onde os pés pisam". Diria, inclusive, que a cabeça pisa em chãos nunca vistos, mas, para tanto, é preciso alimentar-se de utopias, e nisso reside a incompetência das nossas esquerdas, que nos fizeram o favor de romper com as utopias para o *self* pragmático e com muito mais eficiência que qualquer liberal pudesse imaginar. Quem não lembra da carta aberta do Lula aos brasileiros, em 2002?

Desculpem-me, novamente, mas, para mim, isso parece muito mais uma catarse coletiva. Sabe aquela gota que faltava para o copo transbordar? Isso numa sessão psicanalítica já é um transbordamento, imagine numa dimensão geométrica, como o caso das compulsões sociais.

Não tenho medo da "revolta" popular, penso até que já passou da hora, mas a questão é outra: quando desconsideramos a história, o resultado é implacável, e exemplos não nos faltam. Maquiavel é um bom professor, e se queremos algo mais recente é só voltar a Hitler, conduzido ao poder pelos braços do povo.

Dias atrás, minha cidade de 12 mil habitantes também aderiu ao movimento "Acorda Brasil" (tanto os cidadãos quanto o Poder Executivo). Veja como uma catarse coletiva é poderosa. Muito bem, jovens entusiasmadíssimos, cheios de energia, coisa que, inclusive, sempre apoiei e da qual sempre participei (por hora, fora de forma, mas até a copa estou pronto rsrs). Mas qual a minha surpresa? (acho que nem tanto assim...)

A direita mais asquerosa e reacionária em meio aos jovens, inflando os juvenis e alimentando os egos de esquerdistas decadentes. Lamentável, e sabem por quê? Porque, quando estamos numa batalha, temos que saber qual é o alvo que será atingido e com quem estamos caminhando. É muita inocência acreditar que, de repente, estamos todos do mesmo lado. Do lado Brasil.

E para aprofundar ainda mais essa discussão, vou levantar uma tese: os movimentos têm atacado fortemente o Estado e, de fato, esse precisa urgentemente ser repensado e ressignificado, afinal o máximo que este tem feito é cartoriar o sistema mercantilista absolutista e, ironicamente, o Estado é uma das poucas instituições a que o povo ainda tem acesso, com certa mobilidade cidadã.

Por isso, qualquer tentativa de destruir o Estado de Direito capenga que temos, com certeza não é de interesse de quem, de fato, tem como horizonte ideais de liberdade, equidade social, econômica e corporeidade estética.

Não acredito no espontaneísmo puro, no voluntarismo, no altruísmo, no fazer sem nada esperar, não pelo menos quando se trata da arena política em dimensão tão alargada e difusa como é característica da sociedade líquida da contemporaneidade. Ainda acredito na boa fé, mas essa está nos recônditos da amizade e de uma construção arqueológica da convivência. Nem mesmo a direita progressista acredita nessa canalhice descarada.

Podem dizer: é um começo! Ótimo, isso me enche de esperanças, mas insisto, o foco não é o Estado, ainda estamos apenas na superfície, e os 0,20 centavos não seriam tão significativos se não fosse o fato de, pela primeira vez, tentarmos travar o sistema. Menos dinheiro e mais bifurcações.

Sei que ainda é inconsciente, mas é um alento, como diz o amigo César: vamos fazer uma greve geral e pedir pela diminuição dos nossos salários. Loucura? Não. Sei disso. Talvez estejam na insanidade as nossas melhores chances de encontrar saídas mais lúcidas para aquilo que já é louco há, pelo menos, 500 anos.

Talvez não tenha consigo chegar a lugar nenhum, e nem tenho tanta certeza assim de que alguém saiba aonde vamos chegar. Na verdade, ninguém sabe. E qualquer vendedor do mapa da mina mente, por inocência ou maledicência, o mais provável.

Sabemos que as estradas atuais já não nos levam ao lugar em que, de fato, a humanidade precise e possa se sustentar neste planeta finito e cheio de possibilidades. E é nesse ponto que reside toda a beleza de que necessitamos, o caminho está por vir, por se fazer. É a nossa chance de protagonizarmos, de abrirmos novos caminhos para o florir.

É de mãos dadas com a história, com convicções fortes e dialogadas que vamos abrir essa picada na mata, fora disso, é cair em plena selva ao lado da fera faminta e rezar por um milagre. Prato cheio para as ovelhas da prosperidade.

Milagre? Quem sabe o conhecimento árduo e longínquo, o esforço dialógico, as teias que tantas pontas tramamos sem, muitas vezes, terminarmos não passe de perfumaria barata, ou mesmo uma quimera da nossa consciência?

Tudo é possível, mas não pra mim. Infelizmente...

Quando tudo parece poder é porque não temos mais poder

"o homem sem nenhum tipo de sinal, apoio ou auxílio está condenado a inventar, a cada instante, o homem" (Jean Paul Sartre, filósofo francês)

O que dizer quando tudo já foi dito?

O que pensar quando não é mais preciso pensar?

O que fazer quando tudo que fazemos já vem pronto?

O que criar quando tudo que temos é mais do mesmo?

O que entender quando tudo já vem explicado?

O que ver quando tudo depende do olhar?

O que sonhar quando o que vale é a realidade?

O que poetizar quando apenas o cálculo resolve?

O que perguntar quando a resposta já está pronta?

O que cozinhar quando a receita já vem pronta?

O que amar quando todos dizem eu te amo?

O que esperar quando todo o tempo já se expirou?

O que descobrir quando todos os segredos já foram ditos?

O que desenhar quando tudo já está nos aplicativos?

O que guardar quando tudo está sendo filmado?

O que escrever quando ninguém mais lê?

O que estudar quando tudo depende de manuais?

O que responder quando todo mundo tem razão?

O que ouvir quando ninguém tem tempo pra falar?

O que falar quando ninguém quer ouvir?

Teatro de cachorro grande pode servir de abrigo aos pequeninos...

"Liberdade é uma palavra que o sonho humano alimenta, não há ninguém que explique e ninguém que não entenda."

Cecília Meireles

São tantos os casos de censura, de objeções de consciência, sexismos, corporativismos, xenofobismos, enfim, de falta de liberdade, que não vou nem me dar ao trabalho de listá-los, a não ser por um caso curioso.

Como mero exemplo, vou me fixarei no último e mais notório, não pela importância intelectual dos personagens, mas pelo peso midiático do caso. O Datena havia sido convidado a participar do Programa do Jô, contudo, de última hora, foi desconvidado, sob a seguinte alegação *"o convite foi feito diretamente ao apresentador, mas como está fora da política da casa, não foi autorizado"*, ou seja, não está no padrão Globo, está fora.

Não estou aqui advogando em defesa do Datena, até porque, ele não precisa de mim nem eu dele. Mas o que está em jogo aqui é o conluio dessa corja empresarial do mundo da comunicação de massa que detém o direito de concessão nesse país há mais de meio século.

Já não é mais concessão, mas privilégio, até porque não existe alternância na direção desses grandes conglomerados de comunicação. Nesse ponto, existe uma incoerência brutal, afinal, como pode um jornalismo se dizer independente se cada inserção publicitária de 30 segundos chega ao cúmulo de custar mais de 300 mil reais? O que justificaria esse alto custo? O salário dos apresentadores do telejornal? A cooptação da verdade apurada e deturpada? Ou os muitos calam bocas em detrimento da constituição de fortuna de uma meia dúzia de famílias? São muitas as perguntas, com certeza outras tantas respostas dissimuladoras, e sem nenhum tipo de avexamento.

E claro, essa imprensa calhorda de massa se aproveita da ignorância quase que epidêmica da nossa população. Afinal, onde estão todos os manifestantes das marchas da esperança de 2013? O GIGANTE adormeceu novamente?

Somos um povo guerreiro? Claro que somos, afinal, não é todo país que consegue a façanha de matar mais gente num único final de semana do que em uma guerra declarada e, ainda, mascarar essa realidade como povo pacífico.

Somos agregadores? Também o somos, afinal para disfarçarmos o nosso preconceito racial criamos leis antirracistas. E para colocarmos nossos demônios para fora, vamos aos estádios de futebol, afinal, lá pode, "macaco, viado", eufemismos de um povo democrático.

Somos cordiais? Nisso somos os melhores, conseguimos comer as migalhas que caem da mesa do patrão graças ao nosso bajulamento incansável. Nenhum povo consegue dissimular melhor um agradecimento ao domingo cedido à família para orarmos, rezarmos, treparmos e voltarmos na segunda, revigorados, para mais uma semaninha de *tripalium*.

Segundo um amigo, somos um povo bunda. Discordo dele, pois bunda é bom demais pra ser usado aqui como um adjetivo ao nosso mau feito. O que somos poderia ser muita coisa: covardes, baba-ovos, recalcados, ignorantes, alienados, tolos, subservientes, cretinos, idiotas. Enfim, deixo para que cada brasileiro, inclusive eu...

...Pare, reflita e, honestamente diga:

Quem somos nós, o povo?

O Eu de nada valerá nessa questão, a não ser como ponto de partida, mas um Eu sem o Outro de nada vale, a não ser para reforçarmos o nosso ostracismo aligeirado de uma brasilidade caduca que é engolida diariamente pela falta de liberdade e barbárie em que fomos forjados nesses últimos 514 anos.

A nossa liberdade ainda tem olhares de sangue dos becos de cidadania, cheiro de casa grande protegida por alarmes e botinas, punhos cerrados de analfabetismo, ouvidos de gritos silenciosos, com meia dúzia detentora da palavra, paladares conchavistas e traidores dentro da própria senzala.

É a nossa liberdade, uma liberdade pueril que corre o risco de ficar na poeira.

Indefinitiva pedrada...

Definitivamente não existe dia bom ou ruim,

o que existe sou o eu, o entre, o nós,

Não que tenhamos o controle, a escolha,

muito longe disso,

o que escolhemos é o caminho,

mas esse estando,

e o sendo vão indo dentro do possível.

às vezes,

nem acreditamos de tão fácil,

outras,

nem tentando tudo e mais um pouco,

é o limite da Física,

da inculcação, da existência, do ir e vir,

sem nunca chegar.

Obviamente que a chegada não importa,

não porque a beleza esteja na caminhada,

mas pelo simples fato de que o fim é impossível.

A morte, certeza única,

mas não para consciência,

morrer é para os paranoicos

porque eu, enquanto sã consciência, engana-a

todos os dias em que posso.

Certeza do fim, só de ouvir falar.

Por mais que eu queira é bom continuar querendo...

Posso sentir o final a cada texto, mas ainda assim insisto em escrever, na verdade pensar, porque escrever está cada vez mais difícil. Esse *blog* tinha a finalidade de fugir do banal, mas acabou banalizado, ou melhor, eu banalizei.

Outras vezes, quero dizer o impossível, criar uma identidade própria, talvez isso seja um pleonasmo. Mas não consigo fugir das gavetas cartesianas. O *blog* tem uma finalidade; os laudados têm outra; o Animal Inventado tem esperado há anos; os contos têm sobrevivido razoavelmente bem, apesar de toda autocrítica; os ensaios não saem do ensaio elucubrador e incompetente. Para finalizar, sem muita certeza, as histórias infantis não passam de um tempo enganador; claro que para finalizar outra vez o Parasita, que insiste em me contaminar.

Tem, é claro, a segunda coletânea de poesias mal fadadas e, obviamente, o promissor e esquecido Educação e Cinismo, epístolas de grande afetividade e amizade. Enfim, promessas, angústias, mas principalmente utopias.

Como diria Eduardo Galeano: *"A utopia está lá no horizonte. Me aproximo dois passos, ela se afasta dois passos. Caminho dez passos e o horizonte corre dez passos. Por mais que eu caminhe, jamais alcançarei. Para que serve a utopia? Serve para isso: para que eu não deixe de caminhar."*

É isso, estou e vou caminhando, sem muita pressa de chegar. Desculpem-me, porventura, aqueles que forem ler este texto. Talvez ele não tenha nem pé nem cabeça, não que os outros tenham, mas acho que exagerei nesse, por isso peço desculpas, antecipadamente, mas precisava escrever alguma coisa para que a minha consciência ouvisse e se aquietasse.

Na verdade, nunca escrevi para os outros, não pelo menos deliberadamente, por isso não me considero um escritor, não pelo menos na acepção da palavra, do consenso, enfim e enfins. A verdade é que escrevo para matar, ou pelos afastar meus demônios. Escrever para mim é uma tortura, mas tenho ficado melhor, pelo menos tenho diminuído meus textos.

Pode ser que tenha ficado mais prudente ou autocrítico, enfim, ufaaaa... estou melhor...

Nós não somos racistas, são os outros que são...

O brasileiro não é racista, são os outros que são. Aqui ninguém mata *gay*, eles apenas são mortos sem criminosos. Os negros não precisam de cotas, o que eles precisam é de escolas decentes. Aqui quem espera não alcança, mas sempre espera por um dia melhor. Confuso isso tudo? Não, afinal somos filhos da confusão que fizeram para não entendermos a fusão. Da difusão sem função. Eu sei, mas também não sou. E eu sei que ninguém eu sou. E nessa de todo mundo ser, é que ninguém é.

A verdade é que o brasileiro não assume o seu preconceito. Bendita a hora em que nos instituíram como o povo da democracia racial, mas, como o discurso nem sempre retrata nossas ações, o peixe sempre morre pela boca, melhor ainda, pela sedução.

Dias desses, eis que o nosso querido Jô entrevistava a consulesa francesa, a bela e empoderada Alexandra Baldeh Loras que, com muito astúcia, conduziu a conversa a respeito das cotas, na qual ela disse o seguinte: "As cotas são humilhantes, talvez seja a pior solução..." Nisso, o Jô comenta: "também acho...é uma solução racista." (nesse momento o público vai a loucura, palmas, muitas palmas), mas eis que a nossa querida Alexandra complementa, "mas infelizmente é a única solução, porque em 127 anos depois da escravidão, até hoje, não equilibramos essa desigualdade... sem cotas não se equilibra." Ou seja, o racismo não se vence naturalmente, simplesmente com boa vontade. Foi uma paulada nas nossas pseudoconsciências, mas no caso dela, como de costume para um diplomata, tapa em luva de pelica.

E quando alguém quiser saber se o brasileiro é racista, muito simples, pergunte a plateia do Jô, que demonstra sem usar palavras. Até porque podemos esconder tudo nessa vida, menos nossos sentimentos espontâneos.

Em tempo, sei que isso é irrelevante, mas a Alexandra é preta. Isso não muda nada e não quer dizer nada, a Preta Gil também é preta. Mas os nossos sentimentos sim, esses dizem tudo e quando não, nos entregam, na bandeja da amargura... e ficamos a raspar a rapadura sem saber de onde vem a nossa cana de cada dia.

Lições acerca de uma farsa chamada *impeachment*, ou Golpe mesmo...

Eu aprendi:

1- Que 31 anos de Democracia foram insuficientes para alfabetizar politicamente o nosso povo;

2- Que a escolha das companhias na política é mais importante que a escolha de um companheiro amoroso;

3- Que é preciso manter distância de qualquer integrante do PMDB, seja ele do menor ao maior;

4- Que o fascismo é mais fascinante que os enfrentamentos, os diálogos, as inflexões, enfim que a Democracia;

5- Que o pobre raramente defenderá seus próprios interesses, afinal ninguém quer estar ao lado dos perdedores;

6- Que a divisão Esquerda e Direita é mais atual do que nunca, e o contrário disso é a tática do fascismo;

7- Que o Congresso Nacional é um eufemismo da Casa Grande;

8- Que a Verdade existe, mas, na política institucional, essa não é uma necessidade imperativa;

9- Que a honestidade não é um valor estimado pelos nossos políticos, pois contam com a veleidade dos eleitores;

10- Que o eleitor brasileiro confunde democracia com mesa de bar, daí as anomalias tiriricas, sarneys, felicianas, bolsonárias, cunhas, calheiras etc.

11- Que aprender história dialeticamente é condição *sine qua non* para aprendizagem de Português e Matemática;

12- Que a educação brasileira é de direita e defende os interesses da Casa Grande no quintal da Senzala;

13- Que a Globo jamais defenderá os interesses do Povo Brasileiro;

14-	Que a imprensa tem lado político e econômico. E a tirania está justamente em fazer o discurso da neutralidade;

15-	Que o discurso de morte da ideologia é um discurso ideológico;

16-	Que a *internet,* de fato, abriu um imenso caminho para a liberdade, na mesma proporção que deu voz a uma legião de imbecis e sociopatas;

17-	Que a corrupção será combatida tanto quanto a seca do Nordeste;

18-	Que o Pré-sal não é nosso, pelo menos os seus benefícios jamais serão;

19-	Que a classe média não tem consciência histórica, logo acredita ser da elite por ter comprado casa e carro financiados;

20-	Que o nosso preconceito é estrutural, sectário, racista, classista, misógino, homofóbico, sexista, por isso cremos na sua imparcialidade, logo: mulher é machista, preto é racista, gay é homofóbico, pobre não se representa e classe média é elite;

21-	Que pobre vota em rico para cuidar do seu galinheiro, ou melhor, dos seus interesses;

22-	Que o falso moralismo é o padrão ético da classe média brasileira: é dando que não se recebe;

23-   Que Bolsa Família é para vagabundo e Bolsa Empresário é para o desenvolvimento e interesses da Nação;

24-   Que Sem-terra, Sem-teto, Sem-nada devem continuar sem nada, pois não passam de vagabundos e baderneiros;

25-   Que os paulistas continuam se achando um país à parte do Brasil, mas não querem perceber que toda a sua pujança se deve graças aos nordestinos e nortistas que aqui residem;

26-   Que a Propriedade da Terra no Brasil teve sua gênese no tratado de Tordesilhas gênese do Agronegócio, tendo como avalista o Estado de Direito e a Segurança Nacional;

27-   Que se você procurar amigos que tenham interesse apenas no bem comum, viverá na solidão;

28-   Que se você não compreender a cordialidade do homem brasileiro, terá apenas inimigos;

29-   Que se você não tomar doses diárias de cinismos, será uma pessoa mal vista e até mesmo excluída da sociedade;

30-   Que fazer uma opção pelos pobres, excluídos, marginalizados, analfabetos, sem-terra, sem-teto é optar pelos fracassados, logo, poderá ser um deles;

31-   Que votar, conscientemente ou não, não faz nenhuma diferença para a melhoria da nossa política;

32-   Que a vontade do povo não passa de uma falácia na boca dos políticos, pois o que importa mesmo é a defesa dos seus conluios;

33-   Que os salários dos políticos são incompatíveis com seus gastos para se elegerem, mesmo assim continuam investindo em suas vidas públicas;

34-   Que, apesar de raros, existem políticos honestos, mas que não têm nenhuma utilidade pública;

35-   Que a Esquerda sempre servirá de palanque de mobilidade social do povo mais pobre, descartado assim que subir um degrau;

36-   Que a Direita sempre será a guardiã dos interesses do Capitalismo, contudo terá sempre a promessa da inclusão falaciosa de todos;

37-   Que a Esquerda sonha demais, enquanto a Direita realiza de menos;

38-   Que o Capitalismo terá um fim como todos os outros sistemas que um dia reinaram entre os homens e mulheres desse planeta;

39-   Que, por algum equívoco da evolução neural, o ser humano criou a utopia, porém é justamente esse o motivo da chama continuar acesa;

40-   Que, apesar de necessitarmos de um sentido, a vida não tem sentido algum, a não ser os sentidos que sonhamos e realizamos;

41-   Que o Poder acaba no momento em que passamos a acreditar que temos poder;

42-   Que toda vez que a Luiza Erundina sai de um partido, é porque ele já não cumpre mais com o seu ideário histórico, ético e político;

43-   Que o Brasil ainda não aprendeu a mostrar a tua cara;

44-   Que um país plural como o nosso ficar desprovido de lideranças étnicas e femininas na política não é um simples detalhe, mas um atalho para o reacionarismo;

45-   Que o socialismo é coisa de Jesus Cristo, Karl Marx, Paulo Freire, mas não de cristãos, comunistas e professores;

46-   Que ter uma religião ou não, não muda nada a relação dos humanos com a espiritualidade, a não ser para os empresários da Teologia;

47-   Que o cinismo é a melhor arma contra os fascistas e ignorantes;

48-   Que o Deus Mercado é tão verdadeiro e belo como a Quimera, pois trata-se de linguagem e verborragia;

49-   Que, por pior que uma coisa esteja, ela sempre pode piorar;

50- Que os dados econômicos e estatísticos não são exatos, mas uma arma retórica para o convencimento das atrocidades sociais envernizadas em tela de decoração dos pseudopolitizados;

51- Que ter lado na política é uma necessidade imperativa, dada a quantidade de pusilânimes e fisiologistas nas assembleias brasileiras;

52- Que defender o Socialismo é o mesmo que lutar por mais equilíbrio na distribuição de bens materiais e imateriais, mas que os primeiros a romper esse acordo são os bons cristãos;

53- Que defender a cultura é o mesmo que ministrar aulas de Filosofia, dada a sua inutilidade pública;

54- Que o ateísmo cristão é a única possibilidade de encontro com a divindade;

55- Que o ressentimento impossibilita qualquer resquício de inteligência;

56- Que a solidariedade está em agir naquilo que mais repulsamos, enfrentando nossas maiores negações para novas ressignificações;

57- Que a vaidade política serve apenas aos opressores, alijando ainda mais os oprimidos;

58- Que dizer que o brasileiro é vagabundo é a principal tese da Casa Grande para sangrar ainda mais o povo brasileiro;

59-   Que o regime de estabilidade no emprego público é a garantia contra os tubarões do mercado e seus respectivos lucros;

60-   Que a cotação do Dólar é tão relevante como a luz lunar;

61-   Que para além das ciências e das religiões estão a arte e a afetiva filosofia de vida de cada dia;

62-   Que a esperança anarquista é a única possibilidade de luta e resistência contra os grilhões do sistema opressor da produção de mercadorias;

63-   Que a liberdade é um valor imperativo apenas para os que lutam pelos espíritos e corpos livres;

64-   Que, apesar de breve, a vida e a eternidade são apenas para os provocadores e desobedientes, seres imprescindíveis para a preservação da espécie humana;

65-   Que a vida é uma invenção, por isso jamais devemos nos calar diante dos fatalismos e naturalismos;

66-   Que ainda que tenha aprendido muito até aqui, ainda não aprendi o suficiente para parar de querer continuar aprendendo...

Redes de Solidariedade Intelectual...

Depois de anos na militância da vida e de estar em quase todas as arenas públicas, sinto-me na obrigação de algumas ingerências descolonizadoras.

Já estive no *establishiment* acadêmico, mas o tédio do preciosismo conceitual me matou.

Já estive na linha de frente estatal, mas a burocracia me roubava a criatividade.

Já estive nas lutas sindicais, mas o proselitismo roubava minha independência.

Já estive na militância partidária, mas as lideranças me ensinaram o poder do totalitarismo.

Já estive no engajamento social, mas o eufemismo resolvia todas as agruras da fome e do analfabetismo.

Já estive a rabiscar rascunhos letrados, mas o caudilho dos literatas me convenceu da minha ignobilidade.

Já estive e estou na sala de aula, mas as notas e rotinas administrativas me ensinaram o calar-se.

Depois de todos esses fracassos, germinou-me uma fulgurosa necessidade de inacabamento, ou seja, é imperativo ressignificar atalhos, estradas, riscados... nos quais nos destronemos e provoquemos redes de solidariedade intelectual.

É agora, com o vizinho, o afim, a/o coxinha, o sábio, o inteligente, enfim, as pessoas ... juntos vamos nos dialogar.

SOBRE O AUTOR:

Ricardo Guarnieri, filósofo, educador, poeta, político, enfim, um ser de múltiplas facetas. Homem de ação e reflexões. Atualmente é Diretor de Escola, mas sempre arruma um tempo para sua principal paixão, provocar os amigos acompanhado de boa comida e bebida. Esse é o seu terceiro livro. Foram 5 anos de reflexões e escritas. Mas era preciso encerrar mais um ciclo, assim nasceu esses fragmentos de realidades, sonhos, utopias e exageros.

E por fim, como diria o poeta Ferreira Gular "a arte existe porque a vida não basta".